LAONIAN SHEHUIGONGZUOZHE
PEIXUN JIAOCAI

老年社会工作者培训教材 | 基础班 |

顾　问　田奇恒　周良才
主　编　何　静　王小丽
副主编　刘慧玲　曾树群

中国社会出版社
国家一级出版社·全国百佳图书出版单位

图书在版编目（CIP）数据

老年社会工作者培训教材．基础班 / 何静，王小丽主编．-- 北京 ：中国社会出版社，2023.1（2024.1 重印）
ISBN 978-7-5087-6764-2

Ⅰ.①老… Ⅱ.①何… ②王… Ⅲ.①老年人－社会工作－技术培训－教材 Ⅳ.①C913.6

中国版本图书馆 CIP 数据核字（2022）第 071410 号

出 版 人：程　伟
终 审 人：李　浩
责任编辑：李新涛
策划编辑：孙武斌
责任校对：刘延庆
封面设计：时　捷

出版发行：中国社会出版社
地　　址：北京市西城区二龙路甲 33 号
邮政编码：100032
编 辑 部：(010)58124841
网　　址：shcbs.mca.gov.cn
发 行 部：(010)58124864；58124845
经　　销：新华书店

印刷装订：北京虎彩文化传播有限公司
开　　本：185 mm×260 mm　1/16
印　　张：9.25
字　　数：150 千字
版　　次：2023 年 1 月第 1 版
印　　次：2024 年 1 月第 2 次印刷
定　　价：60.00 元

中国社会出版社微信公众号

中国社会出版社天猫旗舰店

前言

Preface

为指导老年社会工作者培训工作的开展，提高老年社会工作质量，加强老年社会工作者队伍建设，民政部组织制定了《老年社会工作者培训大纲（试行）》。该大纲以老年人为中心，聚焦养老服务新需求，紧扣《老年社会工作服务指南》（MZ/T 064—2016），按照老年社会工作者的工作内容，采取基础班、提高班、高阶班三个培训层次分级编写方式，逐一细化了政策趋势、理论知识和实务技巧等内容，明确了培训目标、培训对象、培训方式、培训时间、考核要求等要素，为规范培训工作、保证培训质量提供了依据。

本书按照政策与趋势、理论与方法、实务技巧三大模块进行编写，模块一包括政策与行业发展趋势（重庆城市管理职业学院慕玮、蒋传宓、何静编写）、养老机构社会工作服务构建（何静编写）、社区及居家养老社会工作服务构建（何静编写）。模块二包括老年社会工作价值与伦理（重庆城市管理职业学院沈菊编写）、老年人需求特点与特殊问题（重庆城市管理职业学院刘慧玲编写）、老年社会工作实务通用过程（重庆城市管理职业学院曾树群、何静编写）、老年社区活动策划与实施（重庆城市管理职业学院王小丽编写）。模块三包括老年人面谈沟通常用实务技巧（刘慧玲编写）、社区为老服务中的社会工作实务技巧（重庆城市管理职业学院黄静、何静编写）、机构养老服务中的社会工作实务技巧（何静编写）。本教材实务技巧模块的部分案例来源于重庆市巴南区社会组织孵化基地。

本书在编写过程中还存在很多不足之处，敬请读者提出宝贵的建议和意见。

编　者

目 录
Contents

1

模块一　政策与趋势

自 2013 年以来，中央和地方各级政府相继出台了加快养老服务体系建设的意见，并制定了相应的政策，以居家养老为基础、社区养老为依托、机构养老为支撑的养老服务体系渐趋形成。据有关数据显示，我国超过 60 岁的老龄人口已达 2.6 亿，多层次养老服务需求潜力巨大。“十四五”规划纲要将“完善养老服务体系”单设一章节，提出推动养老事业和养老产业协同发展，健全基本养老服务体系，大力发展普惠型养老服务，支持家庭承担养老功能，构建居家社区机构相协调、医养康养相结合的养老服务体系。

【任务目标】

知识目标

1. 掌握我国当前养老宏观政策和行业发展趋势。

2. 掌握养老机构社会工作服务的制度构建、服务流程、内容和注意事项。

3. 掌握社区及居家养老服务的制度构建、流程、内容和注意事项。

能力目标

1. 能够熟悉最新养老政策，分析行业发展趋势并用于指导实践。

2. 能够熟悉并制定、优化现有养老机构和居家养老服务制度、服务流程、服务内容和注意事项。

素质目标

1. 具备养老服务的制度意识和规范意识。

2. 具备对机构养老和居家养老服务的制度、流程、内容等的创新意识。

思政目标

1. 坚持制度自信，能用发展的眼光分析现有政策的不足。

2. 做到爱岗敬业，关注需求，尊重服务对象。

3. 做到遵纪守法，遵守行业规范，注重制度和规则。

任务一 养老政策与行业发展趋势

【知识详解】

一、我国当前养老宏观政策与背景

随着老龄化趋势的不断加快，国家层面早就开始关注养老产业的发展。2014 年前我国养老产业处于探索期和起步阶段，养老政策从宏观的层面初步确立了养老产业的重要地位，指出了发展大方向："以居家为基础、社区为依托、机构为支撑的养老服务体系。"政策的特点为：确立了居家养老为基础的大方向；鼓励民间资本参与养老服务业；推进医养结合，鼓励医疗机构与养老机构合作；提出智慧健康养老概念；政策相对比较宏观，尚未形成一套完整有机的政策体系。

表 1.1 2014—2015 年我国养老政策

时间	政策名称	政策关键内容
2014.9	关于加快推进健康与养老服务工程建设的通知	到 2020 年，全面建成以居家为基础、社区为依托、机构为支撑的养老服务体系，每千名老人拥有养老床位达到 35—40 张
2015.3	关于印发全国医疗卫生服务体系规划纲要（2015—2020 年）的通知	推进医疗机构与养老机构等加强合作；推动中医药与养老结合；发展社区健康养老服务
2015.4	关于印发中医药健康服务发展规划（2015—2020 年）的通知	积极发展中医药健康养老服务
2015.4	养老产业专项债券发行指引	支持专门为营利性或非营利性养老项目发行养老产业专项债券，用于建设养老服务设施和提供养老服务
2015.4	关于开发性金融支持社会养老服务体系建设的实施意见	重点支持：社区居家养老服务设施建设项目、居家养老服务网络建设项目、养老机构建设项目、养老服务人才培训基地建设项目、养老产业相关项目

续表

时间	政策名称	政策关键内容
2015.7	关于积极推进“互联网+”行动的指导意见	明确提出“促进智慧健康养老产业发展”的目标
2015.11	关于推进医疗卫生与养老服务相结合的指导意见	到2017年，医养结合政策体系、标准规范和管理制度初步建立，80%以上的医疗机构开设为老年人提供挂号、就医等便利服务绿色通道，50%以上的养老机构能够以不同的形式为入住老年人提供医疗卫生服务；到2020年，这些比例提升到100%

2016年，是国家层面政策密集出台的一年，这一年的政策特点为：国家层面对养老的重视程度进一步提升，政策密集出台，并且各部委联合发文，协同推进；持续推进医养结合，全面开放民间资本进入医养结合领域，作为养老服务重要的组成力量。

表1.2　2016年我国养老政策

时间	政策名称	政策关键内容
2016.3	关于金融支持养老服务业加快发展的指导意见	在实现商业可持续的前提下，推动金融资源向养老服务领域配置和倾斜。积极创新适合养老服务业特点的信贷产品和服务
2016.3	关于促进医药产业健康发展的指导意见	开发建设一批集养老、医疗、康复与旅游为一体的医药康养旅游示范基地，进一步健全社会养老、医疗、康复、旅游服务综合体系
2016.3	关于2016年深化经济体制改革重点工作的意见	深化养老服务业综合改革试点，全面开放养老服务市场；鼓励民间资本、外商投资进入养老健康领域；推进多种形式的医养结合；推进个人税收递延型商业养老保险试点、住房反向抵押养老保险试点；出台加快发展现代商业养老保险的若干意见
2016.6	关于开展长期护理保险制度试点的指导意见	利用1—2年试点时间，积累经验，力争在“十三五”期间，基本形成适应我国社会主义市场经济体制的长期护理保险制度政策框架
2016.10	“健康中国2030”规划纲要	完善家庭医生签约服务，全面建立成熟完善的分级诊疗制度。推进老年医疗卫生服务体系建设，推动医疗卫生服务延伸至社区、家庭。健全医疗卫生机构与养老机构合作机制，支持养老机构开展医疗服务
2016.11	关于确定2016年中央财政支持开展居家和社区养老服务改革试点地区的通知	确定北京市丰台区等26个市（区）为2016年中央财政支持开展居家和社区养老服务改革试点地区

2017—2018年养老产业政策的主要特点为：在继续推进医养结合、鼓励社会力

量进入养老服务产业的基础上，结合中国养老实际情况，重点推进居家养老服务，北京率先通过财政支持的方式开展居家养老服务试点；进一步推进医养结合，放宽养老机构内设医疗机构的限制；鼓励社会资本与政府合作，通过PPP模式提供养老服务供给；鼓励开展智慧养老；互联网医疗管理办法正式出台。互联网医疗行业正式上升到国家政策高度，将会极大地促进医疗和养老服务业的发展；商业养老保险逐步试点税收优惠，其逐步推进为未来养老服务支付方做好了准备；随着养老服务产业的发展，行业管理逐步规范。

表1.3　2017—2018年我国养老政策

时间	政策名称	政策关键内容
2017.2	智慧健康养老产业发展行动计划（2017—2020年）	到2020年基本形成覆盖全生命周期的智慧健康养老产业体系，建立100个以上智慧健康养老应用示范基地，培育100家以上具有示范引领作用的行业领军企业
2017.6	关于制定和实施老年人照顾服务项目的意见	发展居家养老服务，为居家养老服务企业发展提供政策支持；加大推进医养结合力度，鼓励医疗卫生机构与养老服务融合发展，倡导社会力量兴办医养结合机构
2017.8	关于印发《养老服务标准体系建设指南》	鼓励养老服务机构和组织制定高于国家标准、具有竞争力的企业标准，推进养老服务机构和组织制定的企业标准建立自我声明公开制度
2017.8	关于深化“放管服”改革激发医疗领域投资活力的通知	取消养老机构内设诊所的设置审批，以满足养老机构中老年人的看病需求
2017.11	关于确定第二批中央财政支持开展居家和社区养老服务改革试点地区的通知	确定北京市西城区等28个市（区）为第二批中央财政支持开展居家和社区养老服务改革试点地区
2018.1	关于实施乡村振兴战略的意见	实施休闲农业和乡村旅游精品工程，建设一批设施完善、功能多样的休闲观光园区、森林人家、康养基地、乡村民宿、特色小镇

2019年养老产业政策的主要特点为：从宏观的制度、监管体系建设，到供给和支付体系建设，再到微观层面的老年人健康服务体系建设全面构建完成；健全以居家为基础、社区为依托、机构充分发展、医养有机结合的多层次养老服务体系，政策更侧重于对医养结合体系的构建和内容的细化充实。在开设医养结合机构的审批程序和方式上简化了许多，有利于实现医养结合。在医养实现空间上的合并之后，提供医养服务的方式更加多样化，“互联网＋护理服务”便是其中之一；养老政策从供给机制、供给结构、营商环境以及具体的人员、土地、设施、用品、资金等方面进行了全面优化和梳理；我国的养老体系逐步构建完成；养老服务监管体系不断

加强；资金得到保障、服务体系搭建完毕、老人获得感增强。

表1.4　2019年我国养老政策

时间	政策名称	政策关键内容
2019.3	关于推进养老服务发展的意见	深化“放管服”政策，拓宽养老服务投融资渠道，扩大养老服务就业创业，扩大养老服务消费，促进养老服务高质量发展，促进养老服务基础设施建设
2019.5	关于做好2019年养老院服务质量建设专项行动工作的通知	启动实施养老机构等级评价示范工程，进一步提升养老机构医疗卫生服务质量，加强养老服务队伍建设等
2019.6	关于实施健康中国行动的意见	健全老年健康服务体系，完善居家和社区养老政策，推进医养结合，探索长期护理保险制度，打造老年宜居环境，实现健康老龄化
2019.7	关于开展老年护理需求评估和规范服务工作的通知	鼓励有条件的医疗机构借助信息化技术，开展老年护理需求评估工作。积极开展“互联网＋护理服务”新业态，增加老年护理服务供给。鼓励基层医疗机构为符合条件的老年患者建立家庭病床，提供上门医疗护理服务。完善支付保障
2019.7	关于同意建立养老服务部际联席会议制度的函	进一步加强对养老服务工作的领导，强化统筹协调，形成工作合力，经国务院同意，建立养老服务部际联席会议制度
2019.8	普惠养老城企联动专项行动实施方案（2019年修订版）	形成支撑社会力量发展普惠养老的有效合作新模式，医养结合，力争实现“三提升”“两下降”“一满意”的目标
2019.9	关于进一步扩大养老服务供给　促进养老服务消费的实施意见	全方位优化养老服务有效供给，繁荣老年用品市场，实施科技助老示范工程，支持新技术在养老领域的深度集成应用和推广，开展老年用品品质提升行动，采取多种措施提升老年用品质量，培育养老服务消费新业态
2019.9	养老护理员国家职业技能标准（2019年版）	顺应居家和社区养老需要，在各职业等级中新增养老护理员在居家、社区养老服务中应具备的技能要求；强化消防知识在养老安全中的重要作用，在“基础知识”中新增“消费安全”内容；关注失智老年人照护需求；根据地方积极探索“养老顾问”服务等实践，新增“能力评估”和“质量管理”两项职业技能
2019.10	关于深入推进医养结合发展的若干意见	深入推进医养结合发展，鼓励社会力量积极参与，进一步完善居家为基础、社区为依托、机构为补充、医养结合的养老服务体系，更好满足老年人健康养老服务需求
2019.10	关于建立完善老年健康服务体系的指导意见	以维护老年人健康权益为中心，以满足老年人健康服务需求为导向，大力发展老年健康事业，着力构建包括健康教育、预防保健、疾病诊治、康复护理、长期照护、安宁疗护的综合连续、覆盖城乡的老年健康服务体系，努力提高老年人健康水平，实现健康老龄化

2020年养老产业政策的主要特点为：上半年养老相关政策的重点是扩大长护险的试点范围。自2019年政府工作报告首提“长期护理保险”以来，扩大试点已是大势所趋。在养老、医疗、工伤、失业、生育5项社会保险之外，长护险有望成为社保“第六险”，为失能老人体面养老提供保障。另外，鼓励发展“互联网+社会服务”，特别提介“互联网+医疗健康”“互联网+养老”。在2020年新冠肺炎疫情期间，武汉、山东等地率先开通在线医保，成为互联网医疗的重大突破，也将进一步促进“互联网+养老”服务的快速发展。

表1.5　2020年我国养老政策

时间	政策名称	政策关键内容
2020.1	关于促进社会服务领域商业保险发展的意见	鼓励商业保险机构适应消费者需求，提供包括医疗、疾病、康复照护、生育等多领域的综合性健康保险产品和服务
2020.2	关于促进消费扩容提质加快形成强大国内市场的实施意见	尽快完善服务业标准体系，推动养老、家政、托育、文化和旅游等领域服务标准制定与试点示范。大力发展“互联网+社会服务”消费模式，促进教育、医疗健康、养老、家政、托育、文化和旅游等服务消费线上线下融合发展，拓展服务内容，扩大服务覆盖面
2020.9	关于扩大长期护理保险制度试点的指导意见	重点解决包括失能老人、重度残疾人在内的重度失能人员基本护理保障需求

二、养老行业发展的方向及趋势

在经过多年努力后，根据国家统计局数据，截至2019年底，全国共有各类养老机构和设施20.4万个，养老床位合计775.0万张，比上年增长6.6%，每千名老年人拥有养老床位30.5张。其中：全国共有注册登记的养老机构3.4万个，比上年增长19.9%，床位438.8万张，比上年增长15.7%；社区养老照料机构和设施6.4万个（其中社区养老照料机构8207个），社区互助型养老设施10.1万个，共有床位336.2万张。如图1.1所示。

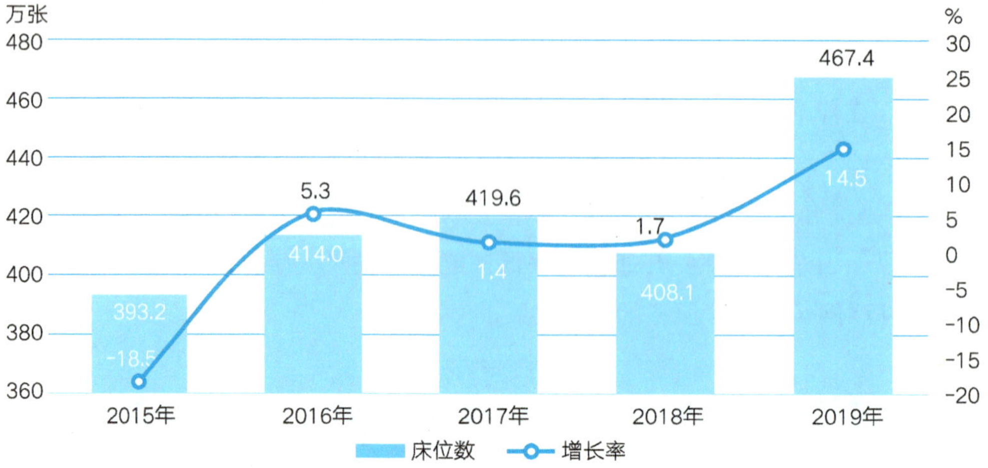

图 1.1　截至 2019 年全国养老机构设施数

2020 年，在更加复杂的国际环境和更大的经济下行压力背景下，中央政府更加重视养老服务的发展，且更加关注养老产业的高质量发展。2020 年下半年政府出台的各种法律、法规和政策，都明显地增加了关于高质量养老服务体系构建的话语。

表 1.6　2020、2021 年我国部分养老政策

时间	政策名称	政策关键内容
2020.7	关于加快实施老年人居家适老化改造工程的指导意见	2020 年底前，采取政府补贴等方式，对纳入分散供养特困人员和建档立卡贫困人口范围的高龄、失能、残疾老年人（以下统称特殊困难老年人）家庭实施居家适老化改造，为决战决胜脱贫攻坚提供兜底保障。"十四五"期间，继续实施特殊困难老年人家庭适老化改造，有条件的地方可将改造对象范围扩大到城乡低保对象中的高龄、失能、残疾老年人家庭等。各地要创新工作机制，加强产业扶持，激发市场活力，加快培育公平竞争、服务便捷、充满活力的居家适老化改造市场，引导有需要的老年人家庭开展居家适老化改造，有效满足城乡老年人家庭的居家养老需求。
2020.9	养老机构管理办法	鼓励养老机构加入养老服务行业组织，加强行业自律和诚信建设，促进行业规范有序发展。对养老机构从备案办理到服务规范、到运营管理、到监督检查以及法律责任，都作出了全面的规范

续表

时间	政策名称	政策关键内容
2020.10	关于加快实施老年人居家适老化改造工程的指导意见	实施老年人居家适老化改造，应坚持需求导向，政府重点支持保障特殊困难老年人最迫切的居家适老化改造需求；同时，顺应广大老年人居家养老的意愿与趋势，以满足其居家生活照料、起居行走、康复护理等需求为核心，改善居家生活照护条件，增强居家生活设施设备安全性、便利性和舒适性，提升居家养老服务品质。坚持因地制宜，从城乡、区域发展不平衡的实际出发，因地制宜加快推进，不搞“一刀切”，不搞层层加码，杜绝脱离实际的“形象工程”；鼓励有条件的地方探索创新，先行引路。坚持市场驱动，强化政策保障，落实惠企利民政策，激发市场活力，提升供给品质，将老年人居家适老化改造需求与居家养老服务需求潜能引导释放出来，发展壮大养老服务、居家养老设施、老年用品等消费市场。坚持部门协同，加强协作配合，注重制度衔接，统筹改善老年人住房内外的生活环境，形成工作合力
2020.11	关于建立健全养老服务综合监管制度　促进养老服务高质量发展的意见	明确监管重点、落实监管责任、创新监管方式、加强保障和落实
2021.12	《“十四五”国家老龄事业发展和养老服务体系规划》	明确提出“十四五”时期实施积极应对人口老龄化国家战略的重点举措是“制定人口长期发展战略，优化生育政策，以‘一老一小’为重点完善人口服务体系，促进人口长期均衡发展”

从国家大政方针，可以预测我国养老发展趋势：健康养老依然处于保障民生工作中的重要位置，国家兜住基本生活底线结合市场提供多样化服务供给；健康养老产业深化改革，吸引多元供给与多层次服务的发展方向不会发生改变，加强事业与产业的统筹，重视企业投入康养的收益，有利于解决企业盈利难题；着眼于高质量发展，推动生活性服务业向高品质和多样化升级，鼓励模式与技术创新，同时通过改革开放加大产业吸引力、增强产业多元供给，依然是产业发展的核心主题；医养结合与机构养老得到重视，“9073”养老服务体系具体表述微调，即“健全以居家为基础、社区为依托、机构充分发展、医养有机结合的多层次养老服务体系”；继续强调“房住不炒”的发展方向，健康养老产业必然将持续吸引更多房地产企业进入，养老地产的竞争进一步激烈；金融体系的进一步发展与改革，必将促进健康养老产业发展，金融供给侧改革降低企业融资成本，金融体制改革、资本市场基础制度完善，为企业进一步打通对接资本市场的大门。

【任务导入】

社工小李刚毕业进入某社区负责社区老年服务工作，领导安排小李根据最新居家养老服务政策和行业发展趋势，撰写社区老年服务年度计划，假如你是小李，你会怎么办？

【任务分析】

一、分析

1. 查阅资料。在制订年度计划以前，需要查阅现有居家养老服务政策，包括中央和地方的政策。

2. 分析资料。收集到相关政策后，需要梳理资料，结合本地的发展现状和前期服务经验，抓住重点需要落实的政策。

3. 明确目标。结合现有基础和政策导向，设定长期目标和短期目标。

二、实施

1. 制订计划。明确目标以后，围绕目标制订年度计划、季度计划、月度计划和周计划。

2. 组建队伍。计划制订以后，需要组建工作队伍，分工合作，推进计划完成。

3. 执行计划。组建队伍后，工作团队依据计划制定执行时间表。

三、总结

1. 评估总结。计划实施中和完成后，进行过程评估和结果评估，反思总结。

2. 反思更新。效果评估完成后，总结经验，反思现有政策，提出建议。

【任务实施】

一、操作流程图

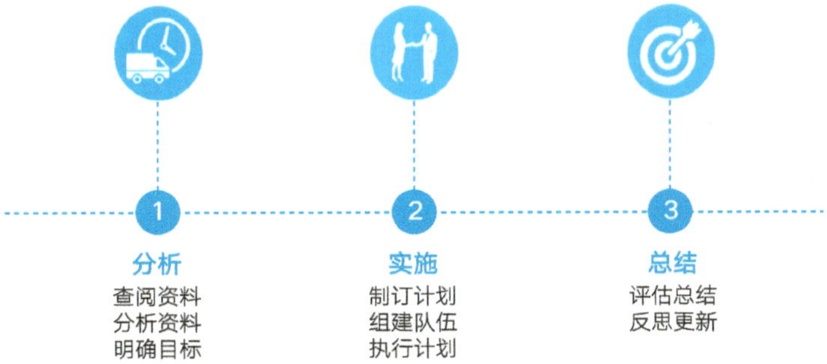

图 1.2　老年服务年度计划操作流程图

二、操作注意事项

1. 注意分类整理资料，根据政策发布单位、政策内容进行分类整理，并能分析之间的联系和变化。

2. 注意结合当地经济文化社会现状，把握当地政策发展趋势，将政策转变为服务内容，并及时总结和反思。

【任务工单】

表 1.7 政策分析任务工单

任务名称	政策分析	学时		培训对象	
学生姓名		联系电话		任务成绩	
任务设备		操作时间		操作地点	
任务目的	1. 解读当前最新居家养老服务政策 2. 能分析政策内涵和趋势 3. 能够结合政策开展服务 4. 能够结合服务效果分析政策不足 5. 能够提出政策建议				
任务实施	准备	1. 2. 3. 4.			
	实施	1. 2. 3.			
	分析	1. 2. 3.			
	报告	1. 2.			
教师评价					

【思考实践】

1. 小王是某市区居家养老服务中心的一线社工，该市社区独居和高龄空巢老人的数量占总人口的 23%，他们有强烈的助餐服务需求。请结合本案例背景，运用本节所学知识，结合当前居家养老服务政策，梳理服务方案。

2. 结合大数据、物联网、云计算，围绕当前养老政策和发展趋势，思考如何开展社区智慧居家养老服务。

任务二　养老机构社会工作服务构建

【知识详解】

一、养老机构中社会工作服务需建立的制度

（一）制度类型

一是政策文件。政策文件是指国家政权机关制定出台的与养老机构社会工作相关的政策、制度、文件，政策文件分为国家级、省部级、市区级等不同级别，是养老机构社会工作服务的制度安排。例如，《民政部关于进一步扩大养老服务供给促进养老服务消费的实施意见》明确提出“开展养老服务人才培训提升行动，确保到2022年底前培养培训1万名养老院院长、200万名养老护理员、10万名专兼职老年社会工作者”的任务；《重庆市养老机构管理办法》（重庆市人民政府令第326号）鼓励通过政府购买服务等方式，支持养老机构设立老年社会工作岗位，配备专业的社会工作者，为老年人提供专业服务。

二是技术规范与标准。技术规范与标准是养老机构社会工作服务应满足技术要求的文件，是养老机构社会工作服务专业性、规范性的体现，包括国家标准、行业标准、地方标准、企业标准等，按标准的约束性可分为强制性标准和推荐性标准。目前，我国养老机构社会工作服务相关的技术规范与标准有行业标准，如《老年社会工作服务指南》（MZ/T 064—2016）、《养老机构膳食服务基本规范》（MZ/T 186—2021）。我国养老机构社会工作服务相关技术规范与标准均为推荐性标准。

三是规划成果。规划成果是指将养老机构社会工作服务纳入比较长远的发展计划，是对未来整体性、长期性、基本性问题的思考和考量。我国目前无养老机构社会工作专项的规划，但部分规划中涉及社会工作。例如，党的十九届五中全会审议

通过的《中共中央关于制定国民经济和社会发展第十四个五年规划和二〇三五年远景目标的建议》中提出，“发挥群团组织和社会组织在社会治理中的作用，畅通和规范市场主体、新社会阶层、社会工作者和志愿者等参与社会治理的途径”。

四是其他制度。养老机构根据自身情况和需要建立的、内部的社会工作制度，以明确社会工作者职责任务、规范社会工作服务管理、引导社会工作服务行为、保障社会工作服务质量等。例如，Y 养老机构制定的探访服务制度、志愿者管理制度、个案工作流程、小组活动流程等。

（二）制度内容

一是质量管理制度。养老机构应建立社会工作服务质量管理制度，识别、分析对服务质量有重要影响的关键因素与环节，并对服务过程和服务成效进行控制。养老机构应建立社会工作服务质量管理体系，包括服务方针、目标、职责和权限，严格按照老年社会工作服务流程和质量手册开展服务，及时、准确、系统地记录服务情况，并按《社会工作服务项目绩效评估指南》（MZ/T 059—2014）中的规定评估服务成效。养老机构社会工作服务质量管理可由社会工作科进行定期检查、满意度调查，也可委托具有资质的第三方专业机构对养老机构的社会工作服务进行整体性综合评价。

二是督导制度。养老机构应建立社会工作督导制度，明确督导的资格要求、职责和权利、督导对象和内容、工作流程与频次、过程记录和绩效评估等，充分发挥社会工作督导的行政功能、教育功能和支持功能。例如，在养老机构，社会工作督导应遵守法律法规和职业操守，结合养老机构的价值理念与工作任务开展督导工作，对社工进行专业教育和技术指导，传递社会工作知识、审批服务计划、指导服务开展、评价服务成效、提升服务质量。同时，疏导社工的心理和工作压力，为社工提供心理和情感支持。

三是风险管理制度。养老机构应遵循《养老机构服务安全基本规范》（GB 38600—2019），建立健全社会工作风险管理制度，识别在服务过程中可能出现的风险及可能造成损失的程度，制定切实可行的风险预案和防控措施，明确任务分工并开展应急演练。同时，在养老机构开展社会工作服务时，应保障服务场所和设施设备的安全性，排除各种安全隐患，减小风险发生的可能性；在国家有关法律、法规允许的范围内开展服务活动，不组织开展风险系数高的服务活动，从而回避风险；可购买老年人意外保险及公共责任险，以此分散风险；在服务活动过程中，做好宣传提示工作，维护现场秩序，保护老人生命和财产安全。

四是档案管理制度。养老机构应建立社会工作档案管理制度，明确归档范围、要求及档案借阅、移交、销毁、保密等内容，设立档案室并指定专人对包含老人基本信息、服务过程记录、质量监控记录、转介和跟踪服务记录等在内的文字资料、图片资料、影像资料等进行系统化管理。档案管理不仅是社会工作服务的记录，更是研究分析的一手资料，还是安全风险防范的有力支撑。应该注意的是，活动服务记录要真实、及时、全面、专业，档案分类要清晰、规范、整洁、完整。

五是投诉与争议处置制度。养老机构应建立社会工作服务投诉与争议处置制度，畅通老人投诉渠道，收集相关改进建议，及时对投诉和建议予以回应和反馈，并采取有效措施改进服务工作，提升服务质量。值得注意的是，在收到老人对社工的投诉时，应先厘清老人投诉的缘由，再与被投诉社工一起协商处理，之后及时给予老人回应，避免委屈社工和忽视老人的意见和诉求。

二、养老机构社会工作服务流程、内容、注意事项

（一）服务流程

第一步，接案。接案是提供社会工作服务的第一步，社工通过与老人面谈等初步接触，辅以从家属、朋友、同事、同学、院内其他老人、老人生活照护工作人员等相关者处获得的信息，全面收集老人的资料，探索老人的问题、困境和需要，并评估解决老人的问题是否在社工和养老机构的能力范围内，决定是否介入或予以转介。对于介入服务的老人，协商其成为服务对象，并初步与之建立互信合作的专业关系。

第二步，预估。预估是在对老人的状况、信息进行全面调查与分析的基础上，对其问题、需要和资源等进行跨专业、综合性的评估，发现形成老人问题的成因，了解老人的现实需要，识别老人及其环境中有利于解决问题的积极因素、导致问题产生或阻碍问题解决的消极因素，并与老人共同分析、决定解决问题的优先次序。需要注意的是，应优先评估老人面临的自杀、受虐、抑郁等风险。

第三步，计划。根据预估的结果，与老人及其问题的密切相关者一起制订渐进式、科学合理的服务计划，包括确定具体、可衡量、能达到、易评估、具有时限性的短期、中期、长期服务目标，制定介入服务的策略、行动步骤、进度安排、过程评估和成效评估的指标，明确社工、老人和密切相关者各自的角色和分工，拟定所

需要的人力、物力、财力等资源保障，预判可能存在的困难、风险，并制定应对策略和应急预案。

第四步，介入。按照服务计划，秉承社会工作专业理念，运用直接或间接的专业方法与技巧，整合、链接、协调老人相关资源，帮助老人解决问题、调解冲突，挖掘老人自身潜能和影响老人改变的力量，提升老人、家属及相关人员运用现有各种资源的能力，改善老人所处的环境，优化老人整体社会功能，促进养老政策改善。

对于养老机构的老人来说，宜以全面、系统的视角制定介入策略并提供服务，包括老人自身、养老机构内其他老人、工作人员（尤其是其照护者）、家属、原单位、社区、同事、同学、朋友等各个系统，甚至涉及政策层面。例如，丧偶的老人一时无法走出失去老伴的阴影，服务介入除了社工陪伴开导老人外，也需要照护者给予老人更贴心的照护，还需要来自家属加倍的关心，养老机构内其他老人的支持也很重要，老朋友、老同事的温暖也有助于老人走出阴影，重新面对生活。

第五步，评估。根据服务计划、对照服务目标，采取多种方式收集和分析与服务相关的资料，对社会工作服务的过程和结果进行评估，检查计划目标是否达到，服务成效如何，并撰写评估报告。

评估宜以定性与定量相结合的方式呈现社会工作服务的效果，用量化的指标呈现老人改变的程度，定性地分析老人的主观感受、行为表现、能力提升等。例如，通过焦虑量表前后测指标的对比情况，用量化的方式呈现老人焦虑改善程度。同时，通过老人日常的表情、感受、态度、行为等进行定性分析，从而评价老人的变化、服务的成效。

第六步，结案。结案是根据服务效果和具体情况确定是否结束与老人之间的专业关系的过程，分为达到预期目标结案和未达到预期目标结案两种。达到预期目标结案，应引导老人回顾服务过程、巩固老人及其环境已有的改变、增强老人独立解决问题的能力和信心、妥善处理离别情绪，并提供后续跟进服务。未达到预期目标的结案，应分析原因，调整目标计划或转介服务，必要时可终止社会工作服务。

（二）服务内容

一是能力评估服务。在老人入住养老机构前，社工对老人情绪状态、心理感受及社会功能等进行了解，是老人能力评估的一个重要部分，也是养老机构社会工作服务的基础。例如，在 Y 养老机构，社工与评估员、医生共同组成评估团队，以

《老年人能力评估》（MZ/T 039—2013）为基础，对老人的能力进行全面系统的评估。在这个过程中，社工主要评估老人的精神状态、感知觉与沟通、社会参与。

二是环境适应服务。老人离开原来的"生活圈"，入住养老机构普遍存在陌生、不适应的感受，社工应运用专业方法技巧，帮助新入住养老机构的老人认识和熟悉机构环境、了解并使用机构资源、建立和发展新的社会关系网络、适应及融入新的集体生活。对老人来说，入住新环境往往要经历混乱期、调适期和稳定期，适应新环境的过程往往是一个持续反应的过程，需要实现生活适应、心理适应和社会适应。在这个过程中，社工应分阶段为老人提供针对性的服务，如向老人介绍养老机构的环境、设施、日常生活须知，协助老人认识工作人员及其他老人，培育兴趣爱好及新的生活方式，尽快适应新的环境等。

三是精神慰藉服务。社工凭借专业敏感性，识别老人的认知和情绪问题，并为老人提供情绪纾解、认知调整、心理辅导服务，协助老人获得来自家属、亲友及其他老人的尊重和关爱，帮助老人摆脱孤独、焦虑、抑郁等不良情绪和心理问题困扰，激发其应对老年生活的信心和希望，重新认识人生的价值和意义。例如，在新冠肺炎疫情防控期间，Y 养老机构的谢婆婆神情焦急，在走廊里走来走去，也不配合体温检测。社工认真倾听，疏导其情绪，并调整谢婆婆检测体温就是怀疑其感染病毒的不良认知，鼓励谢婆婆以积极的心态正确应对疫情防控和养老机构封闭式管理。

四是社区参与服务。搭建老人社会参与平台，开展多元化的文化娱乐活动，培养老人兴趣爱好，丰富老人机构内的生活，提升老人的社会活跃度。同时，挖掘老人潜能，培育老年志愿服务队伍，增强老人价值感和成就感。此外，拓展老人沟通和社会参与渠道，支持老人为机构发展出谋划策，提升老人获得感。例如，组织手工、棋牌、太极、唱歌等文娱活动；开展嘉年华活动，搭建老人社会参与的平台与自我展示的舞台；挖掘低龄老人潜能，培育其为志愿者，与高龄老人谈心聊天；组建老人智囊团，共同讨论日常服务管理与机构发展。

五是关系调适服务。老人处在养老机构、家庭、社区等多个关系网络之中，难免会出现老人与老人、老人与工作人员、老人与家属、老人与亲友等关系不和的现象，社工应为老人提供关系调适服务，帮助老人处理人际关系问题、调解矛盾纠纷、实现与他人的良好互动。在养老机构常见的是社工协助老人处理其与配偶的关系、与子女等家庭内的代际关系、与室友或其他老人的关系。同时，可以运用个案辅导、小组活动工作等专业方法，提升老人人际交往能力。

六是危机干预服务。老人可能面临丧偶、自杀、孤独、疾病、室友关系等各种危机，这些危机无疑需要社会工作者的介入。养老机构的社工应识别老人面临的危机及其来源，评估危机的危害程度、老人应对危机的能力、应对方式及预期效果，并以个别化的方式提供危机干预服务，找准危机的症结，明确干预的问题或行为，整合可获得的资源和社会支持，制定危机干预的策略，组建危机介入小组并做好协调配合，保持信息沟通，提升老人应对危机的能力，并进行回访、评估总结、完善应急预案等善后工作。

在危机干预服务中，社工需要了解老人面临的危机有哪些，明确危机产生的原因及可能造成的伤害，制订老人常见危机干预的应急预案，并进行演练。在老人面临危机时，及时处理最迫切的问题，尤其是自杀、伤及他人等可能危及生命安全的行为。必要时，协调其他专业力量的支援，对老人进行身体约束或其他限制行为。

七是临终关怀服务。临终关怀服务是为生命活动即将终结的老人及其家属、养老机构内其他老人，提供缓解性、支持性的服务，从而让生命末期的老人享有相对高质量的生活、有尊严的谢幕，帮助老人家属顺利地度过哀伤期，使养老机构内的其他老人树立理性的生死观。在临终关怀服务中，社工可以通过协助医护人员做好老人生活照料和痛症管理，为临终老人布置温馨的居室，与其一起回顾过往的一生，协助其实现未完成的愿望、与过去的人和事道别、举行告别仪式等，让老人安然地度过生命最后的时光。社工可以协助老人家属处理后事，为有需要的家属及亲友提供哀伤辅导服务。社工可以为养老机构内的其他老人（特别是临终老人的室友、朋友等）提供心理疏导服务，开展生命教育或死亡教育活动，引导老人坦然面对死亡。

八是家院共筑服务。家庭是老人最重要的支持系统，社工应协助老人与家庭建立紧密的联系，让家属认识到定期探望关心老人的必要性和重要意义，让老人感受到亲情的温暖，为老人提供更好的精神照顾和社会支持。同时，鼓励家属与养老机构一起为老人制订照顾计划，并将老人在养老机构的身体、心理、精神等情况及时反馈给家属，让家属了解老人在养老机构的日常生活，推动家属与养老机构共同构筑老人晚年的美好生活画卷。对此，社工可以举办“家庭聚会日”、父亲节、母亲节活动，搭建老人与家属之间互动交流的平台，增近老人与家庭之间的感情；通过微信、电话等方式将老人情况及时反馈给家属，让家属与养老机构一同为老人服务，与家属一起为老人制订照顾服务计划，一起为老人筹划纪念日活动、陪老人渡过难关等；建立家属探望老人的积分激励机制，鼓励家属关心支持老人。

九是照顾者增能服务。老人身体、心理等功能的退化意味着照顾服务难度较大，而养老机构老人照顾者呈现出平均年龄高、工作强度高、流动性高、文化程度低、工资待遇低、职业认同低等特点，社工需定期为老人照顾者提供放松释压、心理支持、团队建设、价值提升等服务，并协助照顾者提升专业技能，为照顾者增权赋能，提升其价值感和认同感。

（三）注意事项

一是注意环境和服务的适老化。适老化问题包括环境适老化和服务适老化两个方面。“人在情境中”，老人身体机能衰退、行动不便，硬件设施不适老可能引发老人身体问题情绪化，使老人的身心都受到伤害，而适老、友善的生活环境则给予老人正向积极的体验。社工可整合资源，帮助老人（特别是失能、失智老人）进行室内照明、防滑、扶手等适老化改造；在开展活动或提供服务时，布置温馨的环境，使用高低、软硬适度的座椅；针对患阿尔茨海默病老人住所，可以进行能保持或延缓老人记忆减退的环境创设；长期卧床老人的房间，可以在天花板上有更多的考虑和丰富的内容；等等。对于软性服务适老化，更多体现在活动、游戏设计上更适合老人的身心特点，动作缓慢，幅度减小，难度降低，避免挫伤老人参与的积极性、打击老人完成任务的信心和增强老人的无用感。

二是注意投入更多的时间建立关系。老年人在参与活动或享受服务时，往往比年轻人被动，社工在开展活动或提供服务前，应投入额外的、更多的时间与老人进行深入的交谈，了解他们的身体情况、精神状况、认识情况、真实想法等，并与之建立起良好的个人关系和专业关系，为后续工作开展奠定基础。例如，在组建低龄老人志愿服务队伍时，社工应注意提前跟每位组员进行个别化交谈，了解每位老人加入队伍的意愿、时间精力、困难疑惑等，并与每位老人建立起良好的关系。

三是注意服务活动的慢节奏。老人感知觉下降、认识和记忆减退、行动能力有限、思想观念固化、可塑性差，社工在开展活动或提供服务时切忌急于求成，应放慢服务活动的节奏，并多运用澄清、摘要、小结等方法技巧，跟着老人的速度开展工作。例如，社工在开展活动时，语速要慢，尽可能将活动分解成更细的步骤或动作，并注重练习、巩固和强化。

四是注意多鼓励老人的参与。养老机构活跃度高的老人比活跃度低的老人能获得更多的朋辈支持，更容易感到生活满意和更能够适应生活。社工应注意设计策划满足老人需求的多元化服务活动，尽可能地增加老人参与的机会和选择。同时，尽量让老人参与服务活动，亲身经历感受，增强体验感，少设计“讲课式”环节，多设计互动式环节，避免“局外人”和打瞌睡现象。同时，老人获得改变、成长是极其不容易的事情，社工应观察老人细微的变化，并及时给予肯定和鼓励，增强老人改变的信心。

五是注意跨专业的合作。养老机构内老人的问题或需求往往不是单一的，而是涉及医疗、护理、餐饮方方面面，社工可通过参加早会、例会、专题研讨等，加强与各专业的沟通交流，开展跨专业合作，以满足老人的需求。例如，针对癌症晚期的老人，社工应注意与老人的主治医生加强合作，了解老人病情与疼痛状况、商讨治疗方案等；社工应注意与老人的护理人员加强合作，掌握老人生活照护情况并协助为老人提供更适切的护理服务；社工应注意加强与营养师的合作，协助制作营养丰富且更适合老人的餐食。通过跨专业的合作，为老人提供更全面、专业、个性化、高品质的服务。

【任务导入】

小张大学毕业后来到某市一养老机构工作，负责开展老年社会工作服务项目，由于该养老机构前期没有开展过专项老年社会工作服务项目，小张无从下手，请问如果你是小张，你准备如何开展机构老年社会工作服务？

【任务分析】

一、分析

1. 发现问题，评估需求。设计调查问卷，进行访谈，调查了解养老机构老年人基本情况，评估老年社会工作服务需求。

2. 确定服务目标。围绕需求，明确服务目标，细化阶段性目标和长远目标。

3. 制度建设，规范服务。建立机构老年社会工作服务制度，规范服务流程，设计服务内容、应急预算以及注意事项。

二、开展服务

1. 组建服务团队。组建老年社会工作服务团队，围绕服务内容分板块开展服务，定期分享和交流服务经验。

2. 分工开展服务。运用老年社会工作服务的专业技术和工作方法，围绕服务内容开展具体的社会工作服务，完善服务过程记录。

三、总结

评估服务效果。撰写服务效果评估报告，总结经验并反思。

【任务实施】

一、操作流程图

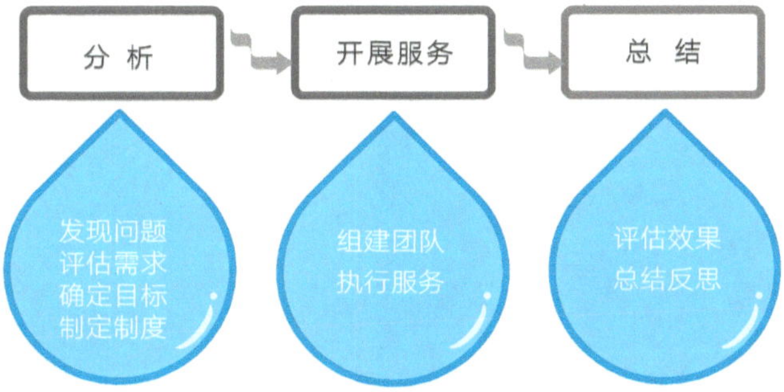

图 1.3 养老机构服务流程图

二、操作注意事项

1. 注意发现问题和评估需求方法，结合现状制定服务制度。

2. 注意动态分析制度的有效性，把握制度存在的意义。

3. 注意机构老年社会工作服务流程的特殊性，合理安排各流程服务人员，注重社会工作服务的专业性和系统性。

【任务工单】

表 1.8　机构老年社会工作服务任务工单

<table>
<tr><td>任务名称</td><td>机构老年社会
工作服务构建</td><td>学时</td><td></td><td>培训对象</td><td></td></tr>
<tr><td>学生姓名</td><td></td><td>联系电话</td><td></td><td>任务成绩</td><td></td></tr>
<tr><td>任务设备</td><td></td><td>操作时间</td><td></td><td>操作地点</td><td></td></tr>
<tr><td>任务目的</td><td colspan="5">1. 掌握机构老年社会工作服务的制度类型
2. 能够制定全面系统规范的机构老年社会工作服务内容
3. 能够制定详细的机构老年社会工作服务流程
4. 能够考虑周全地开展机构老年社会工作服务</td></tr>
<tr><td rowspan="4">任务实施</td><td>准备</td><td colspan="4">1.
2.
3.</td></tr>
<tr><td>实施流程</td><td colspan="4">1.
2.
3.
4.
5.
6.
7</td></tr>
<tr><td>实施总结</td><td colspan="4">1.
2.</td></tr>
<tr><td>实施评价</td><td colspan="4"></td></tr>
<tr><td>教师评价</td><td colspan="5"></td></tr>
</table>

【思考实践】

1. 某养老机构有 5 名专职老年社会工作者，负责机构的老年社会工作服务项目开展，但是由于服务对象情况复杂，工作者经验不足，意志不坚定，出现了懈怠懒散的工作状态，如果你是该机构老年社会工作部门的负责人，你如何通过制度建设进行规范？

2. 你认为机构老年社会工作服务流程中，最重要的流程是什么？为什么？

任务三　社区及居家养老社会工作服务构建

【知识详解】

一、社区及居家养老社会工作服务需建立的制度

一是政策文件。政策文件是指国家政权机关制定出台的与社区及居家养老社会工作服务相关的政策、制度、文件，政策文件分为国家级、省部级、市区级等不同级别，是社区及居家养老社会工作服务的制度安排。例如《国务院办公厅关于印发社会养老服务体系建设规划（2011—2015）年的通知》（国办发〔2011〕60 号），《国务院关于加快发展养老服务业的若干意见》（国发〔2013〕35 号）和《民政部关于推进养老服务评估工作的指导意见》（民发〔2013〕127 号），以及 2016 年印发的《全国民政标准化“十三五”发展规划》，进一步将社区居家养老服务供给列为重点研制标准；国家标准委等部门联合印发的《关于加强养老服务标准化工作的指导意见》（民发〔2014〕17 号），提出要“积极研究制定居家养老服务标准”；质检总局、国家标准委、国家发改委联合印发的《生活性服务业标准化发展“十三五”规划》（国标委服务联〔2016〕99 号），也将养老服务标准化作为一项重点任务。2021 年 12 月，国务院印发了《“十四五”国家老龄事业发展和养老服务体系规划》（以下简称《规划》），明确了“十四五”时期的总体要求、主要目标和工作任务。《规划》部署了多方面具体工作任务。其中，为解决当前居家社区养老和优质普惠服务供给不足的问题，《规划》提到要强化居家社区养老服务能力，如构建城乡老年助餐服务体系，开展助浴助洁和巡访关爱服务，加快发展生活性为老服务业。这些政策规划为推进社区及居家养老服务标准化建设奠定了政策基础。

二是技术规范与标准。技术规范与标准是社区及居家养老社会工作服务应满足的技术要求的文件，是社区及居家养老社会工作服务专业性、规范性的体现，包括

国家标准、行业标准、地方标准、企业标准等，按标准的约束性可分为强制性标准和推荐性标准。目前，我国社区及居家养老社会工作服务相关的技术规范与标准既有行业标准：为建立居家社区养老服务标准体系，民政部推动制定发布了《社区老年人日间照料中心建设标准》（建标 143—2010），规范日间照料中心的设施建设；发布了《老年人能力评估》（MZ/T 039—2013），为老年人能力评估提供可操作的评估工具；也有国家标准委发布的《社区老年人日间照料中心服务基本要求》（GB/T 33168—2016）、《社区老年人日间照料中心设施设备配置》（GB/T 33169—2016）等国家标准。各地也制定了一系列地方标准，推动居家养老服务规范发展。上海市发布了《社区居家养老服务规范》，印发了《社区居家养老服务规范实施细则（试行）》；广东省发布了《社区居家养老服务规范》，印发了《广东省居家养老服务规范化指引》；山东省发布了《家政服务——居家养老服务质量规范》；北京市制定了《社区养老服务驿站设施设计和服务标准（试行）》。这些国家、行业和地方标准为促进社区及居家养老服务的规范化、专业化发展提供了技术支撑。

三是规划成果。规划成果是指将社区及居家养老社会工作服务纳入比较长远的发展计划，是对未来整体性、长期性、基本性问题的考量。我国目前无社区及居家养老社会工作服务的专项规划，但部分规划中涉及社会工作。例如党的十九届五中全会审议通过的《中共中央关于制定国民经济和社会发展第十四个五年规划和二〇三五年远景目标的建议》中提出，要发挥群团组织和社会组织在社会治理中的作用，畅通和规范市场主体、新社会阶层、社会工作者和志愿者等参与社会治理的途径。又如民政事业“十四五”规划中也提及了社区及居家养老社会工作服务的内容和模式等。

四是其他制度。社区及居家养老社会工作服务中心根据自身情况和需要建立的内部的社会工作制度，以明确社会工作者职责任务、规范社会工作服务管理、引导和规范社会工作服务行为、保障社会工作服务质量等。例如，某社区居家养老服务中心制定的居家养老服务项目管理制度、居家养老社会工作者管理制度、居家养老社会工作服务质量监督制度等。

二、熟悉居家及社区老年社会工作服务流程、内容、注意事项

（一）服务流程

一是服务准备。首先要配备与服务项目相符的设施设备和场所，并依法予以登记注册。同时还需要建立社区及居家养老服务规章制度，包括行政管理制度、生活

照料制度、后勤保障制度、质量监督制度等。其次还需要制定社区及居家养老服务管理标准，包括环境标准、实施设备及用品标准、安全与应急标准、职业健康标准、合同管理标准。此外，还需要配备与服务项目相符合的工作人员，如管理人员、专业技术人员（社工、康复师、心理咨询师、营养师、医生、护士、会计、出纳等）、工勤人员（护理员、保洁工、洗衣工、驾驶员、厨工、门卫等）。

二是项目介绍和需求调查。做好信息公示，社区及居家养老服务中心应有关于社区及居家养老服务组织的简介，有详细的服务项目介绍，服务时间、收费标准、规章制度的介绍，并通过公示栏、网络等渠道进行公示，便于老年人了解和获取信息。做好服务前期的需求调查，根据需求调查结果，有针对性地向社区老人介绍服务项目、服务内容和收费标准，并根据老年人的身体状况、服务需求、支付能力和服务机构的服务提供能力，核定服务内容。

三是协议签订和制订服务计划。首先要遵守保护老年人权益的法律法规，确保老年人权益不受侵犯，并与接受服务的老年人或者家属签订服务协议。当核定的服务内容、收费标准等发生变化时，及时变更服务协议。其次要根据服务协议制订服务计划，包括服务内容、服务人员、服务时间、服务要求等。根据制订的服务计划，安排服务内容、服务时间和服务人员，并提供相应的服务，做到时间准、项目明、安排清。服务情况发生变化时，需要及时完善和调整服务计划。同时要做好服务对象档案和机构内部档案的建立和管理。

（二）服务内容

一是紧急援助服务。通过经常问候、安全检查、应急救助、热线咨询等措施，从关心服务和紧急援助的角度建立针对独居、空巢、高龄、失智失能等特殊老人的服务网络，保护社区老年人中的高风险人群。

二是生活照料服务。在社区建立家政服务中心、日托中心、老年护理中心、老人餐桌等，优先设置助餐、助浴、助医等社区养老服务，提供上门和日托服务，为居家且需要帮助的老年人提供日常生活方面的实际协助，为老年人应对日复一日的问题提供实际的建议和帮助。比如，在街道广泛设立老年人日间照料中心，在社区大力发展助餐点和嵌入式养老机构，构建 15 分钟左右的服务圈。

三是医疗卫生保健服务。与社区卫生服务中心或社区其他医疗服务机构开展合作，在社区内为老年人建立健康档案，定期为老年人进行健康检查、疾病风险评估和防病保健方面的教育，倡导健康管理理念、发现疾病及时治疗；同时，整合资源在社区开展康复治疗项目，使老年人能就近享受医疗服务。

四是文化娱乐服务。在社区内兴办老年活动中心和各种文艺社团组织，组织老年人开展丰富多彩的符合老年人需要的文艺娱乐活动，整合当地资源，结合社区老年大学，教授和指导老年人掌握新技能，或强化现有技能。

五是权益保护服务。在社区内开设老年人法律服务中心，为老年人提供法律咨询、法律援助、司法维权等服务，维护老年人在赡养、财产、婚姻等方面的合法权利。帮助老年人运用法律武器，调解纠纷和反对侵权行为，保护老年人的合法权益。

六是自助互助服务。充分调动社区内的老年人力资源，让老年人发挥余热，各展所长，参与社区公益活动，激发老年人的社会参与意识，开展老年人自助和互助服务。如鼓励老年人参与活动的策划及组织工作，参与活动宣传、场地布置、节目准备，甚至活动主持等；在国庆节、中秋节、老人节等节日开展各种形式的文艺节目，鼓励老年人发挥各自的特长积极参与；发动老年人开展互助服务，互相理发、读书读报，教唱歌、跳舞或乐器等。

七是精神慰藉服务。社区及居家养老社会工作者应为高龄、独居老人提供关怀访视、生活陪伴、情感交流、心理咨询、健康生活指导和不良情绪干预服务。通过与老年人建立信任关系，倾听老年人内心的苦闷，为老年人讲解心理健康和保健知识，缓解老年人因身体疾患而产生的情绪问题。运用陪伴、尊重、理解和共情等心理咨询技巧，引导老人宣泄情绪，使老人感受到自我价值与存在感，树立生活信心。

八是团体辅导服务。针对老年人的心理特点，设计社区老年人团体辅导方案，帮助老人与老人之间建立信任关系，拉近老人之间的心理距离，使他们在生活中也能够互帮互助、相互陪伴。如开展长者生命缅怀团辅，通过叙事缅怀不仅能帮助老年人梳理人生经历，也能将老人记忆中的文化遗产或故事保存下来，将老人的生命故事通过绘本、相册或故事会等形式展示出来，进行宣传和文化传播。

（三）注意事项

一是注重老年人在精神方面的需求。加大精神关爱服务设施的投入和精神文化项目的开发，比如兴办社区老年大学、老年健身房，开展社区老年旅游、老年社交等，促进社区老年人精神文化的发展，真正让老年人能够通过社区这个平台感受到老年生活的丰富多彩。

二是坚持“预防为主、积极处置”的原则，杜绝或减少各类意外事件的发生。制订社区居家养老服务意外事件应急处置预案，如火灾事故应急预案、食物中毒应急预案、触电事故应急预案、治安案件应急预案、老年人急诊应急预案、老年人意外事件应急预案（噎食、跌倒、烫伤、走失、坠床等）。

【任务导入】

小刘大学毕业后来到某社区工作，负责开展该社区老年服务工作，由于该社区前期没有开展过专项老年社会工作服务项目，小刘无从下手，请问如果你是小刘，你准备如何开展社区及居家养老社会工作服务？

【任务分析】

一、分析

1. 发现问题，评估需求。设计调查问卷，进行访谈，调查了解社区老年人的基本情况，评估社区养老服务需求。

2. 确定服务目标。围绕需求，明确服务目标，细化阶段性目标和长远目标。

3. 制度建设，规范服务。建立社区及居家养老社会工作服务制度，规范服务流程，设计服务内容、应急预算以及注意事项。

二、开展服务

1. 组建服务团队。组建老年社会工作服务团队，围绕服务内容分板块开展服务，定期分享和交流服务经验。

2. 分工开展服务。运用老年社会工作服务的专业技术和工作方法，围绕服务内容开展具体的社会工作服务，完善服务过程记录。

三、总结

评估服务效果。撰写服务效果评估报告，总结经验并反思。

【任务实施】

一、操作流程图

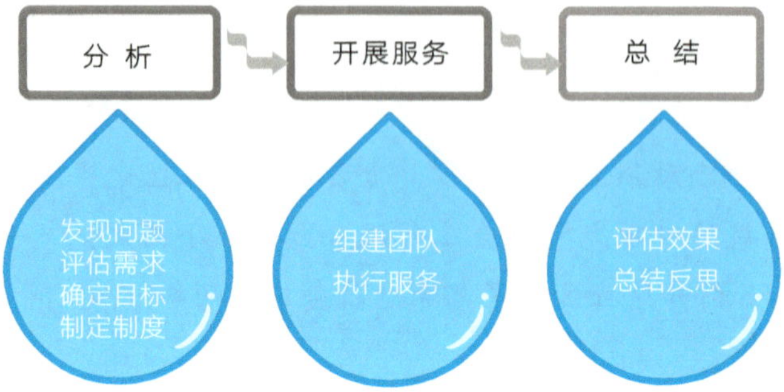

图 1.4 社区及居家养老社会工作服务操作流程图

二、操作注意事项

1. 注意发现问题和评估需求方法，结合现状制定服务制度。

2. 注意动态分析制度的有效性，把握制度存在的意义。

3. 注意社区及居家养老社会工作服务流程的特殊性，合理安排各流程服务人员，注重服务的专业性和系统性。

【任务工单】

表1.9　社区及居家养老社会工作服务任务工单

<table>
<tr><td>任务名称</td><td>社区及居家养老社会工作服务构建</td><td>学时</td><td></td><td>培训对象</td><td></td></tr>
<tr><td>学生姓名</td><td></td><td>联系电话</td><td></td><td>任务成绩</td><td></td></tr>
<tr><td>任务设备</td><td></td><td>操作时间</td><td></td><td>操作地点</td><td></td></tr>
<tr><td>任务目的</td><td colspan="5">1. 掌握社区及居家养老社会工作服务的制度类型
2. 能够制定全面系统规范的社区及居家养老社会工作服务内容
3. 能够制定详细的社区及居家养老社会工作服务流程
4. 能够考虑周全开展社区及居家养老社会工作服务</td></tr>
<tr><td rowspan="4">任务实施</td><td>准备</td><td colspan="4">1.
2.
3.</td></tr>
<tr><td>实施流程</td><td colspan="4">1.
2.
3.
4.
5.</td></tr>
<tr><td>实施总结</td><td colspan="4">1.
2.</td></tr>
<tr><td>实施评价</td><td colspan="4"></td></tr>
<tr><td>教师评价</td><td colspan="5"></td></tr>
</table>

【思考实践】

1. 假如你是某社区及居家养老社会工作服务专职社工，据调查了解到该社区的大多数老人独居，精神生活相对贫乏，很少参加社会活动，出现了记忆力减退、语言功能减退的现象，请问你会给他们开展什么样的服务项目？

2. 你认为社区及居家养老社会工作服务流程中，最重要的流程是什么？为什么？

2

模块二　理论与方法

开展老年社会工作服务需要遵循一定的理论和方法，需要遵守老年社会工作伦理价值，把握老年人的需求特点和特殊问题，运用老年社会工作实务通用过程和技巧开展服务，按照一定的流程、方法和技巧策划老年社区活动。

【任务目标】

知识目标

1. 掌握老年社会工作价值与伦理。

2. 掌握老年人的需求特点和特殊问题。

3. 掌握老年社会工作的实务通用过程和技巧。

4. 掌握老年社区活动策划的方法和技巧。

能力目标

1. 能够灵活把握老年社会工作价值与伦理。

2. 能够根据老年人的需求特点处理特殊问题。

3. 能够运用老年社会工作实务通用过程和技巧开展服务。

4. 能够运用老年社区活动策划方法和技巧开展服务。

素质目标

1. 能够认识和接纳老年人的生理心理特点开展服务。

2. 能够做到关注、理解和倾听。

3. 在开展老年社区活动时能够尊重每一位老人，与老人建立良好的服务关系。

思政目标

1. 具备尊老爱老敬老的优秀品质。

2. 养成爱岗敬业的工作精神。

3. 熟悉中国传统孝文化并进行文化传播。

任务一　老年社会工作价值与伦理

【知识详解】

一、老年社会工作价值观

（一）如何看待当代老年人

老年社会工作价值观的基础在于如何看待老年期及老年人。随着社会的变迁以及老年人逐步退出经济和社会发展的主体领域，社会对老年人价值的认识也在发生变化，社会价值观可能会影响社会工作者对待老年人的态度和行为。当今社会，人们对老年人也常会有贬损的看法。社会工作者要对年龄歧视问题保持敏感，防止把社会的不当价值观带入工作中。

第一，老年人的资源和优势。老年期是大自然对人类的馈赠，和其他动物相比，只有人类有较长的老年期，可用于休闲、积极参与社会活动等；老年人具有丰富的人生经验，并积累了大量的生活智慧，老年人对于社会发展及年青一代的发展，具有重要的推进作用；老年人的存在是家庭的精神支柱，一个家庭有老年人存在，整个家庭的凝聚力及向心力会增加，有助于家庭系统的稳定。

第二，老年人的限制和挑战。老年人要面临生理上的进一步衰老，适应退休后的角色转换，维护自己以及伴侣的生理功能和人生兴趣，应对配偶、兄弟姐妹和其他同伴的丧失，为自己的死亡做准备；当代老年人要应对更多的挑战，随着科学技术更新换代的频率越来越高，老年人面临更大的再社会化任务，比如学习如何使用电子产品，如何适应快速变化的社会等。

（二）我国传统文化中的老年观

我国传统文化博大精深，与老年观最为相关的当属孝道，“孝”与“忠”是中华民族的两大基本传统道德行为准则。《孝经》把孝当作天经地义的最高准则，北宋张载在《孝经》的基础上，融忠孝为一体，把伦理学、政治学、心性论、本体论组成一个完整的孝的体系，其对中华民族的发展、民族凝聚力的增强、民族价值观共识的形成有着积极作用。

孝道的具体内容可以概括为以下几个方面：一是养亲与敬亲，养亲是子女对父母的最基本义务，是基于人的报恩观念而产生的。每个人都是由父母所生，又是因父母的精心照顾而长大成人，这种生命创造及养护的客观事实使人类产生了报恩意识，即在自己的父母年老之后要竭尽全力赡养父母，尽“反哺”义务。二是顺亲与谏亲，敬亲不仅表现在态度上对父母长辈和悦，在行为上要顺从父母长辈的意志，所以常看到孝顺连用。“父在，观其志；父没，观其行。”但如果认为，只要是长辈说的，任何情况下都是对的，并且要求子女在任何情况下都要绝对服从，显然是片面的。那么当父母长辈有过错时，子女应怎么办呢？儒家伦理给出了答案，即子女要委婉谏诤。孔子主张“事父母几谏”（《论语·里仁》）即委婉劝谏。三是丧亲与祭亲，孝的基本含义是“善事父母”，它包括“事生”和“事死”两个层面，后者是前者的继续和延伸，它表达了子孙对逝去长辈的敬重和思念。“事死”是传统孝观念中非常重要的一项内容，“事死如事生，事亡如事存，孝之至也”。（《中庸》）意思是，侍奉死者如同侍奉生者，侍奉已亡者如同侍奉现存者，这是孝的最高表现。四是立身、立功，以显父母百善孝为先。因此，立身行道的一切几乎都被看作是孝。要立身必须首先存身，即保全自己的身体。“身体发肤，受之父母，不敢毁伤，孝之始也。”（《孝经·开宗明义章》）意思是说，自己的身体是父母遗留下来的，如果毁伤了自己的身体就等于毁伤父母的遗体，就是不孝。传统孝观念不仅要求子女立身，而且在立身的基础上要立德、立言、立功，子女们寒窗苦读，跻身仕途，求取功名，为的是秉承父志，善继善述，实现父母对子女的希望，为的是保持家风淳朴，维护家道兴旺，光宗耀祖，光大宗门，这是传统孝道对子女在家庭伦理范围内的最高要求。

（三）老年社会工作价值观

老年社会工作价值观是社会工作者在开展老年社会工作服务中所持有的助人观

念。它包括对助人活动的看法、对自己与老年人关系的看法等。从老年人的身心特点来说，老年人对于尊严、尊重以及社会参与的需求是非常突出的。具体来说，在老年社会工作实践中，我们应该遵循以下价值观：

每位老年人都有改变的能力和要求发展的能力；

每位老年人都享有与他人同样的生存权利；

每位老年人都是一个独特的个体，社会应该关心老年人作为个体的存在；

每位老年人都享有人的尊严，并且这种尊严必须受到尊重；

每位老年人都应该受到社会的关怀，尤其是遭受贫困、饥饿、疾病和其他困难威胁的老人更应该受到社会的重点照顾；

每位老年人都有权利享受经济、社会发展带来的成果。

二、老年社会工作伦理

以老年社会工作价值观为基础，在老年社会工作开展的过程中，社会工作者一方面要遵循社会工作伦理的一般要求，如对案主的伦理责任：尊重案主的自我决定权，尊重服务对象的隐私权，坚持保密原则，尊重案主的知情权；对同事的伦理责任：尊重同事，给予同事必要的支持，对同事有督促责任；对工作机构的伦理责任：信守对机构的承诺，履行促进机构服务效能提升的义务；作为社会工作专业人员的伦理责任：对专业的忠诚，对个人的道德要求；对社会工作专业的伦理责任：维持专业准则、维护专业形象，促进专业发展，持续充实专业知识、推动专业发展；对社会的伦理责任：促进社会福利的发展，倡导人类基本需求的满足，促使社会正义的实现，帮助社会上的困难群体纾解困难、争取资源、获得社会安全保障。另一方面，还应根据老年人和老年社会工作的特点，遵循以下伦理原则。

（一）接纳

社工在开展老年社会工作服务时，要理解老年人的境遇，尊重老年人的选择，接纳老年人的行为。老年人由于过去的人生经验、社会阅历，有可能已经形成某些较为固定的思维习惯和行为方式，社工不能强行去改变老年人，要接纳不同老年人的不同特点，否则很难真正与老年人建立良好的服务关系，服务开展也会受阻。

（二）信任

信任是建立关系的前提，而良好服务关系的建立，又是影响服务效果的关键因素，不能得到老年人的信任，就难以开展工作。由于现在老年人上当受骗的情况较多，老年人防御心理加强，部分老年人一般不会轻信陌生人，要取得老年人信任，需要耐心。此外，社工也要信任老年人，相信老年人是愿意也是能够解决问题的，他们也有自身的资源和优势。认识老年人的这一特点，是社工信任的基点，也是问题解决的起点。

（三）尊重

尊重老年人是老年社会工作者应遵循的原则和方法。一方面，社工要尊重老年人的阅历，认识到不管是好的还是不好的，都是老年人经历的一部分。另一方面，社工要尊重老年人的需求和自主选择，有时候我们认为对的和好的，不一定是老年人需要的。尊重老年人，最重要的是给他们自主权，而不是居高临下的关爱。

（四）关怀

关怀老年人是老年社会工作的重要方式。有的老人退休之后，失去原来的工作角色，会产生一定的失落感，对此社工可以为老人提供更多的社会融入机会，帮助他们充实老年生活。有的独居或空巢老人，有较多的陪伴需求，社工在开展老年服务过程中，需要给予老人更多的关怀，慰藉老人心理。有的老年人，由于社会高速发展，对于电子产品等的使用存在困难，社工应该关心老年人的需求，开展相应的服务，帮助老年人更好地适应社会生活。

三、老年社会工作伦理困境及应对原则

（一）老年社会工作的伦理困境

老年社会工作的伦理困境是指老年社会工作者在服务老年人的过程中，遇到难以解决的伦理难题而使自己陷入某种艰难的处境之中。在老年社会工作实务中，遇到的伦理困境多种多样，最突出的有以下几种：老年人需求与专业界限的矛盾、案主自决与专业家长主义之间的矛盾、隐私权和知情权之间的矛盾。

一是老年人需求与专业界限的矛盾。中国是一个人情社会，人与人的关系在相处的时候本身就比较缺乏界限，加上老年人的特点，专业界限的问题会显得更加突出。部分老年人，与社工建立了较深的信任关系，自身又有比较多的情感慰藉需求，可能会对社工产生依赖，会希望社工对其有更多的陪伴和支持，生活中遇到任

何困难和问题都希望社工能帮忙解决，而有些问题又超出了社工的服务范围或能力范围。部分老年人比较热情，在认可了社工之后，会对社工表达感情，比如邀请社工去家里吃饭，给社工送小礼物，甚至有的服务对象希望把社工当作自己的子女等，这些需求与社工的专业界限会发生冲突。拒绝服务对象的好意，可能会对服务关系产生负面影响，接受服务对象的好意，又会产生双重关系的困境。

二是案主自决与专业家长主义之间的矛盾。案主自决原则是社会工作伦理的重要原则，老年社会工作也不例外。老年人有自主选择和自我决定的权利，老年社会工作者有义务尊重老年案主的选择，但老年案主自决不是绝对的。案主自决必须有两个前提：第一，案主绝对清醒，有自决的意志和能力；第二，自决的方向和后果对案主绝对无害。只有同时满足了这两个条件，案主的自决才是被允许的。在老年社会工作实务中，要实现老年案主自决的理想并非易事。有的老年人因为生理机能的老化，可能难以作出适当的选择；有的老年人个性“固执”，可能会作出并非最佳的决定。社工应该尊重老年人的决定还是应该作出对案主更有利的选择？如果不尊重老年人的自我决定，又会出现“专业家长主义”的问题，从而产生案主自决和专业家长主义的伦理困境。如何避免这两者之间的冲突，如何选择和权衡，社工陷入两难。

三是隐私权和知情权之间的矛盾。保护服务对象的隐私是社会工作实务过程中非常重要的伦理守则，社工要将保密和尊重隐私作为工作的基本要求，不得向他人泄露老年人的隐私信息。但是在实践过程中，又会遇到一些困境。比如，一位患病的老年服务对象，医生告诉他不能抽烟喝酒等，但是他却偷偷这样做，他要求社工保密，不能告诉其他人，社工应该为服务对象身体健康着想告诉医生，还是应该遵守保密原则？当然，隐私权并不是完全绝对的，当涉及法律相关问题，老年人作出危害自己生命的决定，或者出现会危及他人生命或重大利益的情况时，保密原则可以被打破。

（二）老年社会工作伦理困境的应对原则

尽管老年社会工作的伦理困境成因不同，表现形式不同，实践过程中应对方法也不尽相同，但是在面临伦理困境时，有一些可供参照的基本原则，能够帮助社工在实践中作出更合理的选择。

一是生命优先原则。生命优先原则是社工在面临伦理困境时应该坚守的第一原则，生命权具有优先性。生命是宝贵的，每个人的生命都是重要的，也是其他一切权利的基础，社工在实践中，应将维护服务对象的生命权放在最重要的位置。

二是最小伤害原则。在开展老年社会工作服务中，社工应竭尽能力避免或防止伤害的发生。当面临的困境必然会对服务对象或者他人造成一定伤害时，社工应该主动选择伤害最小和伤害最容易得到弥补的方案。

三是差别平等原则。在开展社会工作服务时，社工应遵循平等原则，但是平等并不是数量上的平等，或者意味着提供完全一样的服务。老年群体虽然有一定的共性需求和问题，但是老年人也存在较大的个体差异，要针对个人情况和所处环境以老年人的真正需求为基础，提供适宜的服务。

四是改善老年人生活质量原则。当前老年人面临的主要问题有经济支持问题、生活照料问题、代际紧张问题、心理健康问题、社会交往问题和受虐待问题。当老年人向社工机构求助时，社工在服务过程中应该遵循改善老年人生活质量的原则。

【任务导入】

案主张奶奶，70岁，老伴去世，子女在外地工作，平时自己一个人居住，张奶奶性格较为内向，平时很少参与社会活动，也没有什么兴趣爱好，基本上都待在家里，经常感到孤独，觉得连一个可以说话的人都没有。小张是张奶奶所在社区的社工，在上门走访的时候，了解到张奶奶的情况，就经常上门看望张奶奶，陪她聊天，帮助张奶奶解决一些生活中的小问题。张奶奶非常喜欢小张，经常给小张打电话，希望小张能够去家里看望和陪伴她，还经常提出让小张留在家里吃饭，送一些吃的给小张。小张很矛盾，觉得如果不接受可能会对老人的心理状态和专业关系发展有负面影响，但接受又违背了专业伦理。

【任务分析】

一、分析

在张奶奶看来，小张在与其的专业关系之中除了扮演社会工作者的角色外，还可能扮演了朋友角色或者说可信任者角色。案主对社会工作者可能发生了“移情”现象，她认为邀请社会工作者在家里吃饭，送吃的给社会工作者，是自己表达感情的正常行为，不存在类似越界的担忧和困扰。

而一个专业的社会工作者，与案主之间只能存在专业关系，而不能存有其他关系。案主的行为是超越专业关系的其他接触和交往，极易导致社会工作者的“反移情”困境。这不仅会使得社会工作者失去专业的公正性，作出带有感情色彩的判断，也容易让其他服务对象对社会工作者产生不信任，这对于社会工作的开展是很不利的。

二、处理

在面对案主移情的情况时，按照社会工作价值伦理与原则，社会工作者应该在接案时向案主澄清自己的角色和责任，明确自身原则和行为准则。要适当考虑问题处理的灵活性，不能打击案主的积极性，考虑一些折中而非强硬的办法，尽量维持双方的和谐关系和状态。鼓励案主以不违背专业伦理的方式表达对工作者的感谢，诸如承担部分志愿者任务。社会工作者要时刻保持专业敏感性和警觉性，及时发现专业关系中超过应有关系距离的情况并采取适当措施避免其继续发展。

社会工作者要明确告知案主，专业的规定是不能够接受案主任何形式的馈赠，但是案主与工作者的关系并不因馈赠礼物与否而改变，不接受馈赠也并不代表看不起案主，仅仅只是由于专业价值伦理的原则规定。

【任务实施】

一、操作流程图

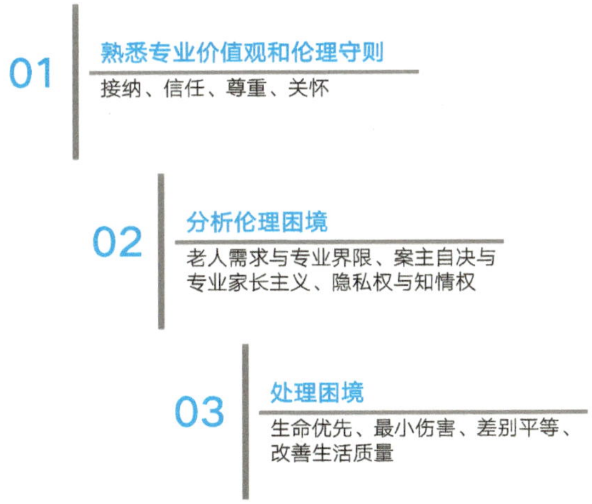

图 2.1　老年服务伦理困境应对操作流程

二、操作注意事项

1. 遵循老年社会工作价值观和伦理守则，并能灵活处理伦理困境。
2. 注意把握隐私权和知情权之间的矛盾。
3. 注意把握老人需求和专业界限之间的矛盾。

【任务工单】

表2.1 老年社会工作伦理困境分析任务工单

<table>
<tr><td>任务名称</td><td>老年社会工作
伦理困境分析</td><td>学时</td><td></td><td>培训对象</td><td></td></tr>
<tr><td>学生姓名</td><td></td><td>联系电话</td><td></td><td>任务成绩</td><td></td></tr>
<tr><td>任务设备</td><td></td><td>操作时间</td><td></td><td>操作地点</td><td></td></tr>
<tr><td>任务目的</td><td colspan="5">1. 掌握老年社会工作服务中应遵守的职业伦理
2. 能对老年社会工作服务中的伦理困境进行分析</td></tr>
<tr><td rowspan="4">任务实施</td><td>准备</td><td colspan="4">1.
2.
3.</td></tr>
<tr><td>实施流程</td><td colspan="4">1.
2.
3.
4.
5.
6.
7.</td></tr>
<tr><td>实施总结</td><td colspan="4">1.
2.</td></tr>
<tr><td>实施评价</td><td colspan="4"></td></tr>
<tr><td>教师评价</td><td colspan="5"></td></tr>
</table>

【思考实践】

1. 社工张某在进行嵌入式的个案探访时接触到李奶奶。80 多岁的李奶奶在生活能够自理之前一直住在养老机构的双人房间里。随着身体机能的退化，李奶奶对自己的生活开始力不从心，全部自己处理存在风险，需要去重度护理区接受全护理服务。因此，养老机构和李奶奶的子女商量动员老人去重度护理区。但老人却不愿意离开双人间。张社工此时来到这家养老机构，为李奶奶做个案服务，张社工好言相劝，让李奶奶知道自己目前的身体情况，但李奶奶还是不愿意面对这个现实。养老机构打算强制要求老人搬离，否则便只能将李奶奶送去医院。请尝试根据所学理论对上述案例进行分析并提出解决方案。

2. 查阅资料，举例说明隐私权的特殊情况。

任务二　老年人需求特点与特殊问题

【知识详解】

一、老年人的生理、心理特点和特定需求

（一）老年人的生理特点

第一，老年人身体形态的变化。随着年龄的增长，老年人在身体形态方面表现出不同于其他生命阶段的显著特征，具体表现在以下几个方面。

一是头发。老年人头发变白是一种明显特征，大部分人在进入老年之后，头发会变白，很多老年人还会出现脱发甚至秃顶等情况，这也正是社会上将老年人称为“银发一族”的缘由。

二是皮肤。皮肤皱褶加深，表皮粗糙，缺乏弹性，出现老年疣、老年斑等。

三是身高。进入老年之后，老年人会出现弯腰驼背等体征，因此身高会逐渐下降。

四是体重。老年人体重的变化因人而异，有的人随年龄增大而逐渐减轻，变得消瘦，这是因为老年人细胞内的液体含量比年轻人减少了30%～40%；但也有老年人体重逐渐增加，这是因为脂肪代谢功能减退而导致的脂肪沉积增加，尤其是在更年期内分泌功能发生退化以后更为显著。

其他。肌肉松弛、牙齿松动脱落、语言缓慢、耳聋眼花、手指哆嗦、行动迟缓、运动障碍等也是常见的老年人的生理特征。需要指出的是，上述这些变化的个体差异很大，它与一个人的健康状况、生活习惯、营养条件、精神状态和意外事件等因素都有密切关系。例如，所谓“一夜白头”，就是指人在遭受重大精神创伤后，可能在短期内头发急剧变白，皮肤皱纹增多，顿时显出老态。当然，毛发的变白和

脱落程度往往也和家族遗传有关。此外，长期患有慢性病的人也可能发生未老先衰的现象，这些和年龄不相应的老化现象是一种病理现象，不是自然的生理现象。

第二，老年人生理功能的变化。随着个体进入老年，人体的诸多系统也呈现出老年人特有的功能性特征。具体而言，老年人在心血管系统、呼吸系统、消化系统、运动系统、内分泌系统、神经系统及感觉系统等方面都出现功能性退化，这些功能性的退化也导致一些特有的老年病的出现。

一是心血管系统。随着年龄的增长，人体的心血管系统出现了老化现象，其表现之一是心脏机能下降。进入老年阶段后，心脏的心肌逐渐萎缩，心室变得肥厚而缺乏弹性，从而使心脏收缩功能减弱，心跳频率减慢，导致每次输出的血量减弱，心脏负荷增加，人体储备能力和适应能力下降。

二是呼吸系统。进入老年之后，一方面，人的肺泡总数逐渐减少，肺脏的柔软性和弹性减弱，膨胀和收缩能力减弱；另一方面，老年人出现骨质疏松，脊柱后凸，肋骨前凸，胸腔形成桶状变形，加上呼吸肌力量的衰弱，限制了肺脏的呼吸运动，造成肺部通气不畅，肺活量下降，容易引发肺气肿和呼吸道并发症，如老年支气管炎等疾病。

三是消化系统。消化系统的老化主要指消化道和消化腺器官的老化。进入老年后，人体牙龈萎缩，牙齿组织老化，容易造成牙齿松动脱落，食物在口腔内咀嚼不充分，影响食物消化。同时舌肌因老化而萎缩，运动功能减弱，食物在口腔内无法获得充分的搅拌。口腔内唾液分泌量的减少也会导致牙齿咀嚼食物能力的下降。食管的退化导致食物在食管内的蠕动幅度降低，而胃部消化酶分泌的减少，容易造成消化不良，大小肠的萎缩也造成了肠道对食物消化吸收功能的退行性变化，导致老年人便秘。消化系统的老化导致老年人容易罹患胃炎、便秘及大小便失禁等疾病。

四是运动系统。肌肉骨骼与关节等组成了人体运动的结构基础。随着年龄的增长，人体肌肉弹性降低，肌肉变得松弛无力，容易疲劳；而骨骼方面同样存在弹性与韧性降低的现象，这容易造成老年人骨质疏松、骨折的危险；关节方面，由于关节结构中的软骨硬度和脆性的增加、关节软骨面的不平滑性，老年人容易发生钙化、骨质增生。因此，运动系统的老化，容易造成老年人疲劳以及骨质增生、关节炎等疾病。

五是内分泌系统。内分泌系统包括脑垂体、甲状腺、肾上腺、性腺、胰岛等器官。内分泌系统各器官的重量随着年龄的增长而逐渐降低。内分泌腺体发生组织结构的改变，可引起不同程度的内分泌系统的紊乱，比较典型的如胰岛素分泌减少容易造成老年糖尿病，性腺的萎缩则容易出现更年期综合征。

六是神经系统。进入老年后，人的大脑逐渐萎缩，人的神经传导功能衰退，对刺激的反应时间延长，大多数感觉减退、迟钝甚至消失。老年人变得容易疲劳，睡眠欠佳。此外，由于脑功能失调而出现的衰退，还容易引发阿尔茨海默病。

七是感觉系统。感觉系统的老化主要包括视觉、听觉、味觉、嗅觉、皮肤觉等感官功能的退化。比如，眼睛出现老花眼、老年性白内障；生理性听力减弱或者耳聋；味觉迟钝，常常感到饮食无味；嗅觉变得不灵敏；触觉和对温度的感觉减弱，容易造成烫伤或冻伤。此外，痛觉也会变得相对迟钝，难以躲避伤害性刺激的危害。

第三，老年期患病的总体特征。一是患病多样性。由于躯体各器官的退化，身体抵抗力降低，老年人易在老化的基础上发生疾病，而且是多种疾病同时存在。二是症状和特征的不典型性。这是由于老年人对于疼痛和疾病的反应不敏感。三是发病急且快。老年人的应激能力及储备能力均减弱，因此，发病后病情较急甚至会导致死亡。四是容易引发并发症。由于老年人的免疫功能低，有刺激时容易发生并发症。五是对治疗反应差。随着年龄的增长，老年人机体内环境的变化使药物在机体内吸收、分布、代谢等都发生了变化，对于同样的药物，老年人比青壮年耐受性更差，而且容易出现副作用，造成治疗效果不明显。另外，由于老年人用药较多，药物之间的相互作用也会影响疾病的治疗效果。六是病程长、恢复慢，易复发。由于老年人疾病症状和体征的不典型性，会造成病程较长，同时老年人脏器功能减弱，在恢复方面也比较缓慢，很难恢复到患病前的健康状况。各种疾病稍不注意，就容易复发。

（二）老年人的心理特点

与生理变化相对应，老年人的心理方面也呈现出一些变化。“人老眼花”“视听不稳”“健忘嗔怒”等都是真实写照。

一是老年人的认知特点。认知也称为认识，是个体对信息的接收、编码、储存、提取和使用的心理过程。进入老年期后，个体的认知能力呈现出一系列退化性变化，主要包括：在感知觉上，出现视觉减退、听力下降，味觉、嗅觉和皮肤觉迟钝等；在记忆力上，表现为机械识记减退，记忆广度下降等；在智力上，老年期的液态智力（即以神经生理为基础，相对不受文化与教育影响的能力）如感知速度、机械记忆、空间定向能力等，由于生理机能的衰退，呈下降趋势，但如果个体身心健康、锻炼得当，其晶态智力（即通过掌握社会文化经验而获得的、以理解性记忆为主的知识储存和应用的能力）如常识、词汇理解等能力，仍有可能呈现上升趋势。也就是说，如果老年人能够保持积极社会参与的状态，其在知识经验与技能方面依然具有独特的优势。

二是老年人的情绪特点。情绪是个体对客观事物的主观态度和体验，如喜、怒、哀、乐等，往往还伴有外部表情的变化。老年期是负性生活事件的多发阶段，随着生理功能的老化、各种疾病的出现、社会交往的减少、空闲时间的增多，老年人比较容易产生诸如孤独感、焦虑、抑郁等消极的情绪。而且由于老年期中枢神经系统内发生的生理变化以及内稳态调整能力的降低，老年人的情绪一旦被激发，就需要较长时间才能恢复平静或走出阴霾的心境，因此老年人的情绪体验通常深刻而持久。对于老年人而言，各种“丧失”，包括社会、政治、经济地位，健康、容貌、配偶等的丧失，是情绪体验的最重要的激发事件。按照心理学家埃里克森的观点，老年是人生的最后一个阶段，它要解决的核心问题是获得自我完整感，避免陷入自我绝望。在这一阶段，个人必须学会接受生活中所发生的一切，并得出对自己生命意义的理解。有时这一过程包括处理未了的事宜，挽回尚能改变的东西；而有时则意味着要放弃无可挽回的东西。在其中任何一种情况下，如果个人无法对自己的生命感到安心，就不可避免地会陷入绝望和生命无意义感。因此，社会工作者一定要及时了解影响老年人情绪的各种激发因素以及其中最重要的激发事件，并给予积极引导与应对。

当然，由于老年人各自的生活经历、文化背景、生活环境、个性特征和行为需求存在个体差异，并不是所有的老年人都表现出明显的孤独、焦虑、抑郁等消极情绪。多数老年人也有较好的情绪调控能力。因此，社会工作者要学会全面客观地看待老年人的情绪问题。

三是老年人的个性心理特点。个性又称人格，是指个体在社会生活实践中形成的、相对稳定的各种心理现象的总和。由于生活阅历的增加、感知觉速度的减慢等，老年期的个性可能会有所变化，比如有的老年人会变得比年轻时固执和刻板，而有的老年人则由于病痛的折磨变得比以前更暴躁等。但总的来说，个性方面的基本方面是持续稳定的，而且多于变化。正如心理学家但波诺（Dibner，1975）所说：“在任何时候一个人更像他的本来面目，而不像他同龄的人。”

（三）老年人常见的心理问题及典型特征

离退休综合征。是指老年人由于离退休后不能适应新的社会角色、生活环境和生活方式的变化而出现的一种适应性的心理障碍，这种心理障碍往往还会引发其他生理疾病、影响身体健康。具体可表现为产生焦虑、抑郁、悲哀、恐惧等消极情绪；坐卧不安，行为重复，做事犹豫不决，整日不知干什么好；有时还会出现强迫性定向行为；注意力不能集中，常做错事；性格变化明显，容易急躁和发脾气；对什么都不满意；多疑，当听到他人议论时常会烦躁不安，猜疑其有意刺激自己。平素颇有修养的当事者，有时候也会一反常态而不能客观地评价外界事物，常有偏见。大多数当事者有失眠、多梦、心悸等生理反应。

老年抑郁症。抑郁症是指以持续的情绪低落为特征的一种情感性的心理障碍，是老年人常见心理疾病之一。典型症状包括情感低落、思维迟缓、意志活动减退、自杀倾向、疑病症状等。部分患者出现全身不适，如头痛、腰酸背痛、腹痛等。消化系统有腹胀、腹痛、恶心、嗳气、腹泻或便秘等，心血管系统出现胸闷和心悸等，自主神经系统功能紊乱，如面红潮热、出汗、手抖等。

阿尔茨海默病（Alzheimer's disease，AD），即我们通常所称的老年性痴呆。这是一种中枢神经系统变性病，起病隐匿，病程呈慢性进行性。主要表现为渐进性记忆障碍、认知功能障碍、人格改变及语言障碍等神经精神症状，严重影响社交、职业与生活功能。该病起病缓慢或隐匿，病人及家人常说不清何时起病。多见于70岁以上（男性平均73岁，女性平均75岁）老人，少数病人在躯体疾病、骨折或精神受到刺激后症状迅速明朗化。女性较男性多（比例约为3：1）。根据认知能力和身体机能的恶化程度分成三个时期。第一阶段（1～3年）为轻度痴呆期。表现为记忆减退，对近事遗忘突出；判断能力下降，病人不能对事件进行分析、思考、判断，难以处理复杂的问题；工作或家务劳动漫不经心，不能独立进行购物、处理经济事务等，社交困难；尽管仍能做些熟悉的日常工作，但对新的事物却表现出茫然难解，情感淡漠，偶尔激惹，常有多疑；出现时间定向障碍，对所处的场所和人物能作出定向，对所处地理位置定向困难，复杂结构的视空间能力差；言语词汇少，命名困难。第二阶段（2～10年）为中度痴呆期。表现为远近记忆严重受损，简单结构的视空间能力下降，时间、地点定向障碍；在处理问题、辨别事物的相似点和差异点方面有严重损害；不能独立进行室外活动，在穿衣、个人卫生以及保持个人仪表方面需要帮助；不能计算；出现各种神经症状，可见失语、失用和失认；情感由淡漠变为急躁不安，常走动不停，可见尿失禁。第三阶段（8 ~ 12 年）为重度痴呆期。患者已经完全依赖照护者，记忆力严重丧失，仅存片段的记忆；日常生活不能自理，大小便失禁，呈现缄默、肢体僵直，查体可见锥体束征阳性，有强握、摸索和吸吮等原始反射。最终昏迷，一般死于感染等并发症。

老年疑病症。是以怀疑自己患病为主要特征的一种神经症。其临床表现有如下几大特点：长时间地相信自己体内某个部分或某几个部分有病，求医时对病情的诉说不厌其详，甚至喋喋不休，从病因、首发症状、部位、就医经过，均一一介绍，生怕自己说漏一些信息，唯恐医生疏忽大意；对自身变化特别敏感和警觉，哪怕是一些微不足道的细小变化，也显得特别关注，并且会不自觉地加以夸大和曲解，形成患有严重疾病的证据；患者常常感到烦恼、忧虑甚至恐慌，其严重程度与实际情况极不相符，他们对自己的病症极为焦虑，别人劝得越多，疑病就越重；即便客观身体检查的结果证实患者没有病变，患者仍然不能相信，医生的再三解释和保证不能使其消除疑虑，甚至患者会认为医生有故意欺骗和隐瞒行为。老年疑病症如果不能得到及时缓解和治疗，在心理上就有可能从怀疑自己有病发展为对疾病的恐惧甚至是对死亡的恐惧，即所谓的“老年恐惧症”，这对老年人的身心健康将会产生更严重的不利后果。

（四）老年人的特定需求

基于老年人的生理、心理特点，以及社会生活的变化，老年人有他们这个阶段特定的需求。关于老年人的需求，可以从不同的角度划分。依据马斯洛需求层次理论，个体的需求由低到高依次为生理需求、安全需求、归属需求、尊重需求以及自我实现需求。因此我们可将老年人的特定需求归纳为以下内容。

一是经济保障。在传统社会中，老年人依靠子女提供经济供养，但在现代社会中，老年人需要通过领取退休金、养老保险金等途径得到赡养，获得经济方面的保障。

二是生活照料。伴随老化的过程，老年人会有不同的照顾需要，可能需要接受居家养老、社区照顾、院舍照顾等不同类型的服务，需要不同类型的照顾之间有良好的整合与过渡。

三是健康维护。老年期是疾病多发期，健康维护是老年人最为关注和渴望满足的需要。老年人需要建立健康的生活方式，获得适宜的生活照顾，并得到康复服务。

四是安全保障。老年人需要生活有安全感。生活条件的改善、居住环境的安全、出行的安全等，都是老年人所期盼的。

五是情感归属。虽然离开工作岗位后，老年人的工作圈子和生活圈子相对变窄，但是老年人仍然渴望获得群体的归属感，参与社交活动，有自己的朋友圈。

六是婚姻家庭。伴侣和家人是老年人最重要的支持源，老年人也有维持和向往美好婚姻家庭生活的需要。美好的婚姻家庭生活不仅能在生活上让老年人获得支持，也能让老年人获得良好的心理慰藉。

七是他人尊重。尊重需要是人的一个重要需要，老年期也不例外，特别是晚辈的尊重，对于老年人来说尤为重要。此外，老年人有自己的生活方式、固有的思维习惯和自行选择的权利，在通常情况下都希望受到晚辈的尊重。

八是娱乐休闲。与青壮年期相比，老年人通常有更多的空闲时间，如何休闲娱乐也是老年人的一个重要需要。合理的休闲娱乐活动，可以让老年人有机会发展自己的兴趣，发挥自己的专长，也能在其中寻找到志同道合的朋友，增进友谊。

九是社会参与。老年人需要表达自己的意愿，维护自身的权益并发挥余热，因此，社会参与是老年人的重要需求。老年人需要多方面地、深度地参与社会生活，实现自我价值。

十是善终安排。老年是人生的最后一个阶段。因此，许多老年人十分关心自己的身后事宜，需要在离世前安排好子女的生活、财产的处置、墓地的购置、后事的操办等。他们期望能没有痛苦地、有尊严地安心离世。

对于老年社会工作者而言，需要准确把握服务对象的特定需求，有针对性地开展服务。

二、评估老年人面临的困境和问题

老年问题包括因个人的老化而导致的问题，以及由于社会人口老龄化而出现的问题。在当代社会，老年人常面临以下一些方面的困境和问题。

（一）健康及相应的医疗问题

一是身体健康及相应的医疗问题。老年人，尤其是高龄老年人，往往受到慢性疾病的折磨，生活质量因此受到损害，与之相关的护理及医疗费用也常常成为困扰老年人的一大问题，带来了经济上的紧张甚至困境。

二是心理健康及相应的医疗问题。老年期的抑郁、焦虑等情绪障碍，也成为困扰老年人的重要问题。在各类老年心理问题中，特别需要指出的是老年抑郁症，这是一种常见且最具危险的老年心理疾病。随着人口老龄化的加速，老年抑郁症的发病率有上升的趋势。

三是失智与失能。由于老年人体内各器官的功能和结构出现了退行性的变化甚至直接产生病变，除了常见的普通疾病和慢性疾病，老年人失智和失能也是两个重要的问题。老年人失智是一种渐进性认知功能退化，且此退化的幅度远大于正常老化的进展。特别会影响记忆力、注意力、语言、解题能力，严重时会无法分辨人、事、时、地、物。其典型的起始症状为记忆障碍。病人短期记忆力差，而长期记忆力在发病初期受到的影响不大。老年人失能是指因老年人日常生活操作能力和日常生活能力减弱，不能很好地保持自我照顾的能力，而需要由其他人协助完成的情况。失智与失能是困扰老年人及其家人的两大难题。

（二）家庭照顾问题

城市化、家庭小型化、年轻人口的高流动性等，都使得家庭照顾老年人的功能严重受损，特别是空巢、独居和失独老人缺乏家庭照顾的问题尤为严重。

（三）宜居环境问题

老年居住环境中常存在安全隐患和物理障碍，使老年人面临伤残的风险和融入社会的限制。此外，社会上普遍存在对老年人的刻板印象和歧视，也使建设老年宜居环境问题十分突出。

（四）社会隔离问题

老年人退出工作岗位或失去劳动能力后，社会交往的圈子常常会大大缩小，同时疾病、失能、配偶和有亲密关系的人去世等事件的发生，也有可能造成老年人的社会接触非常有限，甚至由于缺乏接触会导致老年人社会隔离严重。

（五）老年被歧视和被虐待

是指社会对老年群体毫无理由的偏见、刻板印象和差别待遇，以及老年人因年老而受到家人或其他人的虐待。老年人被歧视和被虐待的原因有：一是社会的急剧变迁在客观上使老年人丧失了原有经验的优势，老年人昔日的地位彻底被颠覆；二是以权力、能力、财富和健康等片面的指标来评价老年群体，忽视了老年人曾经为家庭和社会作过的贡献，将老年人视为家庭的负担、社会的累赘。

（六）死亡问题

死亡是人生无法回避的终极问题，也是老年人面临的重大危机。老年人的很多问题都与死亡焦虑有关。而老年人内心对死亡的恐惧可能表现为对死亡问题的回避，对自身真实情感的否定。另外，老年人还要面对亲人特别是配偶的去世，他们会感到深深的孤单与空虚、抑郁，对未来丧失信心，甚至放弃自己的生活，消极等待生命的终结。

【任务导入】

社工小李接待了一位刚入院的老人，为了更好地为老人开展专业服务，需要对老人的生理、心理特征以及其面临的困难和需求进行分析，如果你是小李，你将如何进行这项工作？

【任务分析】

一、分析

1. 生理层面：案例中，如服务对象出现身体不健康、经济问题、住宿问题、照顾问题、残疾康复问题等生存方面的困境都算作生理层面。

2. 心理层面：如服务对象出现认知问题（观点偏激）、情绪问题（过于激动或过于低落）、行为问题（自伤或伤害他人）等都可归为心理层面的问题。

3. 社会层面：如服务对象遇到家庭关系不和、朋辈关系不良、社会关系矛盾（如与学校、工作单位、政府部门等）以及社会政策未覆盖、社会服务提供不足，这些内容都可算作社会层面的问题和需要。

二、发现问题和需求

1. 服务对象面临的问题：如生活是否能自理，人际交往问题等。

2. 服务对象的需求：围绕问题，明确服务对象需要得到怎样的服务。

三、主要训练目标

1. 能够对服务对象进行生理心理的全面分析，并形成分析报告。
2. 能够根据分析，梳理服务对象面临的问题和服务需求，形成需求评估报告。

【任务实施】

一、操作流程图

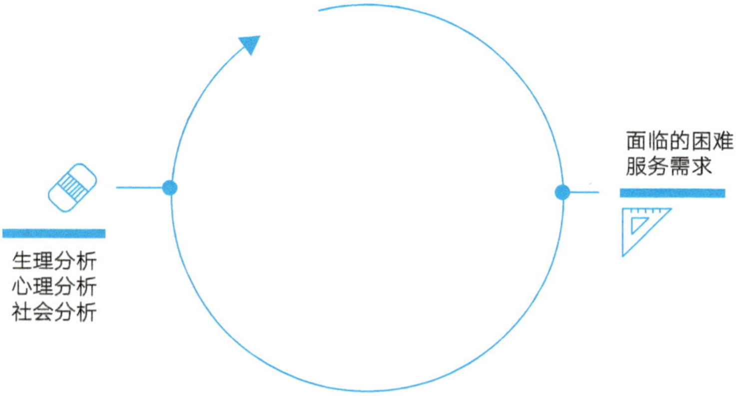

图 2.2　老年需求评估操作流程图

二、操作注意事项

1. 进行生理特征分析时需要注意借助服务对象的健康检查报告。
2. 注意运用心理学知识和理论进行老年人心理特征分析。
3. 注意分析老年人最需要解决的困难，注意服务需求的重要性排序。

【任务工单】

表2.2 老年需求评估任务工单

<table>
<tr><td>任务名称</td><td>老年需求
评估</td><td>学时</td><td></td><td>培训对象</td><td></td></tr>
<tr><td>学生姓名</td><td></td><td>联系电话</td><td></td><td>任务成绩</td><td></td></tr>
<tr><td>任务设备</td><td></td><td>操作时间</td><td></td><td>操作地点</td><td></td></tr>
<tr><td>任务目的</td><td colspan="5">1. 掌握老年人生理心理特点分析的方法
2. 掌握老年人需求评估的方法
3. 能够撰写老年人需求评估报告</td></tr>
<tr><td rowspan="4">任务实施</td><td>准备</td><td colspan="4">1.
2.
3.</td></tr>
<tr><td>实施流程</td><td colspan="4">1.
2.
3.
4.
5.
6.
7.</td></tr>
<tr><td>实施总结</td><td colspan="4">1.
2.</td></tr>
<tr><td>实施评价</td><td colspan="4"></td></tr>
<tr><td>教师评价</td><td colspan="5"></td></tr>
</table>

【思考实践】

1. 社会工作者在一次走访中发现王老先生独自在家。对于社会工作者的到来，王老先生很高兴。交谈中社会工作者了解到，王老先生与儿子一家同住。儿子和儿媳外出工作时，家里只留下他一个人。社会工作者观察发现，王老先生的房间杂乱无章，身上衣服泛黄并发出异味，已经多日没有换洗。老人抱怨，退休工资都交给了儿媳，身上没有任何零花钱。同时，社会工作者还注意到王老先生手臂上有多处瘀青，问其原因王老先生沉默不答，表情紧张。社会工作者向社区居委会进一步了解情况，得知王老先生今年 80 岁，以前是老伴照顾他的饮食起居，老伴去世后，主要由儿媳照顾。儿媳觉得老人不做家务，不讲卫生，一起生活碍事，常常为此打骂老人，有时还不让老人吃饱，儿子去外地出差时，儿媳还经常将老人反锁家中。请列举本案例中老人面临的主要问题是什么？

2. 面对老年人多项服务需求，如何根据问题和需求等级安排服务内容？

任务三　老年社会工作实务通用过程

【知识详解】

一、接案阶段

（一）接案阶段老年社会工作者的工作任务

在接案阶段，老年社会工作者的主要任务是了解服务对象的求助过程，初步评估服务对象的问题，与服务对象建立专业关系，决定是否为服务对象提供服务，与服务对象订立初步合约。

老年社会工作者在接案过程中应完成下列工作，包括但不限于：

第一是收集老年人资料。严格来说，资料收集既是预估的基础，也是科学助人的依据。资料一般包括：个人资料，如年龄、性别、籍贯、受教育程度、家庭情况、婚姻情况、收入状况等。身体情况，如服务对象的病史，有无残疾、遗传病及长期疾病，目前的生理状况等。特点与能力，在了解前两项情况的基础上，社会工作者要了解服务对象的生理和心理特点，如服务对象的健康状况、营养状况、既往病史、用药情况与当前问题之间的关系。心理状况，如智力水平、认知能力、个性特点、自我概念、情感及行为方式等。所处的社会环境，收集资料时不但要了解服务对象的个人资料，还要从服务对象与其所处环境的互动状况入手，了解他们社会功能发挥的情况，以便掌握服务对象个人和环境互动的情况。社会和生活环境包括：服务对象的人际关系状况，与家人、朋友、同事的关系；服务对象成长的背景，学习、工作和生活的环境，例如，家庭的经济状况、家人的关系、父母的影响以及邻里关系等。了解服务对象的社会和生活环境可以帮助社会工作者掌握他们的社会网络状况，辨析出哪些系统可以成为服务对象的资源系统，以便于共同协助服务对象。

第二是了解老年人的问题和需要，决定是否需要紧急介入。老年社会工作者要及时了解老年人的问题类型，辨析其属于疾病问题、家庭照顾问题、宜居环境问题、代际隔阂问题、社会隔离问题中的哪一类型，并根据不同问题的类型确定哪些问题需要紧急介入，哪些问题可以延缓介入。

第三是评估老年人的问题解决是否在老年社会工作者的能力范围和机构的能力范围内，必要时予以转介。首先决定是否需要紧急介入，社会工作者要谨记，并非每个个案都是从接案开始的，遇到紧急情况（如自杀、性暴力问题）时，就要跳过其他阶段直接进入介入程序。社会工作者要辨别服务对象问题的迫切性和严重程度，从而决定何时和如何开始工作。例如，对离家出走的孩子来说，社会工作者需要及时将他们安置在儿童保护中心；若发现有被虐待危险的孩子，则要提早进行预防。这些都需要社会工作者决定是否跳过接案阶段而提供紧急介入服务。其次是权衡是否有能力处理问题。服务对象的需要是多方面的，接案面谈使社会工作者有机会通过与服务对象的沟通交流来了解他们的需要，权衡是否有足够能力为服务对象提供所需的服务。例如，在处理离婚案、婚外恋问题时，社会工作者一方面需要审视自己的价值观是否与服务对象的价值观有冲突，另一方面要权衡自己的专长是否能够处理服务对象的问题。如果双方的价值观有严重冲突并影响到自己对服务对象的态度时，就要及时进行转介。通常是向机构的督导报告，由他们安排合适的人选或者机构为服务对象继续提供服务。

第四是与老年人或主要照顾者建立专业关系。老年社会工作者在了解服务对象求助过程的基础上，需要对服务对象的问题和需要进行初步评估，并开始与服务对象及其所涉及的相关系统建立专业关系，同时激励服务对象改变的决心，协助其进入角色，实现改变的目标。

（二）接案的步骤及核心技巧

接案是一个有结构的操作过程，需要遵循一定的步骤并使用专业的方法技巧，具体步骤包括：准备、会谈、收集资料、初步预估、建立专业关系、决定工作进程和签订初步服务协议。

第一，做好会谈准备并拟定初次面谈提纲。首先，为了顺利进行会谈，事前的准备工作非常重要。准备的工作包括：资料准备和拟定会谈提纲。资料准备包括以下几项：事先研读服务对象资料，记下不清楚的地方，以便在面谈时进一步了解情况；了解服务对象是否接受过服务，以便在会谈时有的放矢地与他们沟通交流；了解服务对象是否有特殊事项需要谨慎处理，如是否有精神健康方面的问题，并为此做好预防工作，必要时可以邀请相关专业的专家一起与服务对象见面；走访社区，可以通过服务对象的社会网络来了解其社会功能及社会处境方面的情况，走访服务对象的家人、邻居、朋友，所在社区的居委会以及相关的街道司法所、派出所等。其次是拟定会谈提纲，提纲的内容大致如下：介绍自己和自己的特长；简要说明本次会谈的目的和内容，以及双方的角色和责任；介绍机构的功能和服务、相关政策（如保密原则）和工作过程；征求服务对象对会谈安排的意见，了解对机构和老年社会工作者的期望；询问服务对象是否有需要紧急处理的事情，以便提供及时的协助。

第二，会谈。会谈是接案工作阶段的第二个重要工作，是社会工作者和服务对象面对面讨论问题以确定是否建立协助关系的过程。

首先要明确会谈的主要任务。一是界定服务对象的需要和问题。这时的主要工作包括：了解服务对象寻求帮助的原因，了解服务对象对自己的看法，了解服务对象期望达到的目标。二是澄清角色期望和责任。面谈的首要工作是澄清双方的期望和应尽的责任，通过协商减少差异。包括服务对象对自己的角色期望、对社会工作者的期望，社会工作者对服务对象的角色期望、对自己的期望，对比并找出双方想法的差异和距离，最终协商并达成一致。三是激励并帮助服务对象进入受助角色。一方面要进行角色引导，另一方面要训练并帮助服务对象逐渐接受自己的角色，以便双方能够互相配合。四是促进和引导服务对象态度和行为的转变。

其次，会谈的技巧有：一是主动介绍自己，老年社会工作者通过主动介绍自己，向服务对象说明协助的目的，通过主动介绍机构的目标功能等内容，消除服务对象的疑虑，使服务对象顺利进入受助者的角色。二是沟通，社会工作者要与服务对象进行“事实性沟通”和“治疗性沟通”。“事实性沟通”主要是指了解服务对象的问题和需要。“治疗性沟通”指一种通过人与人的交往达到一个人对其他人进行帮助的目的具有治疗效果的人际沟通。在接案面谈时，社会工作者有意识地与服务对象进行的治疗性沟通具有以下功能：提供支持；减轻服务对象因求助而带来的内心焦虑；协助服务对象建立对自己和解决自己问题的正确看法；促成服务对象为解决问题采取有效的行动。三是倾听，倾听即是通过语言和非语言行为向对方传达一个信息——“我正在很有兴趣地听着你的叙述，尝试理解你”。面谈中的倾听不仅是为了了解情况，也是为了建立专业关系，鼓励对方更加开放自己，以使社会工作者能够更多地了解服务对象的情况。因此，倾听需要设身处地地感受，不但要听懂对方通过言语、行为表达出来的东西，还要听出对方在交谈中省略的和没有表达出来的内容。倾听时不仅要“听”，还要有“参与”，即与服务对象互动，对服务对象的叙述给予适当的回应。回应既可以是言语性的，也可以是非言语性的。例如，用“嗯”“是的”“然后呢”“请继续”等言语来鼓励对方继续说下去，或者用微笑、眼睛的关注、身体的前倾、相呼应的点头等传达对对方的关注。

第三，收集资料。收集服务对象资料的方法有很多，主要包括：向服务对象进行询问；向服务对象的相关人进行咨询，如为服务对象进行过治疗的医生、给服务对象提供过帮助的人等；查阅服务对象的档案记录；进行家访等。从接案开始，社会工作者就要把与服务对象从接触到一起工作的过程做全程记录，把收集到的资料进行归纳整理，以为预估和后续服务提供依据并作改进服务之用。记录资料的方式多种多样，主要可以分为：录像、录音和文字记录。

第四，初步预估。初步预估的主要任务就是再次界定并确认服务对象的问题。

第五，建立专业关系。首先，要与服务对象建立良好的专业关系，社会工作者需注意以下五要素：与服务对象准确沟通想法和感受；与服务对象沟通相互之间的资料；沟通充满亲切感和关怀；与服务对象角色互补；与服务对象建立信任。其次，建立关系的技巧有：同感，指社会工作者努力、积极主动进入服务对象的生活世界中，在不丧失自己立场观点的前提下，感受服务对象的处境，并运用这种感受去帮助对方提升能力。诚恳，社会工作者要在专业关系中始终保持诚恳的、开放的、真实的态度，向服务对象实事求是地介绍机构的政策和社会工作者的角色，而不加以任何修饰；完全以服务对象的需要作为自己工作的出发点，接纳服务对象，全神贯注于服务对象的处境。温暖与尊重，社会工作者要关心、关注服务对象的一切，并能够向服务对象传达这种情感，包括展现对服务对象的责任感，关心、尊重、了解服务对象提升生活的愿望，以及充分表示愿意为此提供协助的意愿。积极主动，积极主动的态度表明社会工作者对服务对象有兴趣，关心服务对象，研究显示，积极主动的态度会促进双方的沟通，减少服务对象的紧张情绪，但积极主动并不意味着对服务对象的控制和支配，而是要在适当的时间给服务对象适当的回应。

第六，签订初步服务协议。在与服务对象决定工作进程后，社会工作者与服务对象以及服务对象以外的其他系统就可以签订一个初步的服务协议。

二、预估阶段

预估是收集与服务对象有关的详细资料、了解服务对象问题形成的过程，是依据既定情境中的事实与特点推论出有关服务对象问题含义的暂时性结论的逻辑过程。

（一）预估阶段老年社会工作者的工作任务

老年社会工作者在预估过程中应完成下列工作，包括但不限于：优先评估老年人面临的风险，如健康、受虐、抑郁、自杀等。

第一，识别老人的认知情绪问题。抑郁症、认知症、谵妄和焦虑症是老年人最常见的四个认知和情绪问题。抑郁症若不能及时治疗，有可能会导致老年人尝试自杀以求解脱长期悲哀和感到毫无价值带给自己的痛苦。患认知症的老年人表现出在熟悉的家里从事日常活动越来越力不从心，也可能是身体健康状况急剧下降，状况危险。如果不加以医治，谵妄有可能导致老年人因身体衰竭或疾病而死亡。长期焦虑，会让老年人越来越加重社会隔离和情感上与他人的隔膜。老年社会工作者要学会识别老年人的情绪问题。老人自己和家人可能并未意识到有问题，以致未能及时寻求帮助。比如，一位老人在老伴去世 3 年后还一直情绪低落，对以前感兴趣的事也提不起精神，不愿出门，每天入睡困难而且早醒，常常觉得活着没啥意思。家人总认为是因为跟老伴感情深、放不下，但实际上是有抑郁症的典型症状，需要尽快去医院做进一步的检查。

第二，识别虐待和疏于照顾问题。虐待老人指的是恶意对待老人，在身体上、情感或心理上、性方面或经济方面对老人构成非人道对待或剥削。疏于照顾老人既包括主动也包括被动地让老人得不到所需的照顾，导致老人的身体、情绪或心理方面健康的衰退。

第三，识别自杀倾向问题。评估老人的自杀倾向可能比年轻人更困难，因为老人不大愿意说出自杀打算，并且真的实施自杀的可能性要大得多。社会工作者需要意识到与老人自杀有关的风险因素，并通过直接的、间接的和行为上的线索加以评估。

第四，要识别老人的其他问题，如丧亲问题、临终关怀。根据实际情况，协调进行跨专业、综合性评估，包括老人的问题、需求和资源状况等，与老人共同决定解决问题的优先次序。

（二）预估的基本步骤

第一，收集资料。能否对服务对象的问题有正确的认识和判断，在一定意义上取决于所能得到的资料以及资料所提供的信息。因此，收集资料就成为预估的第一步工作。一般包括个人资料和环境资料。收集预估所需资料的方法有很多，社会工作者要根据实际情况灵活运用多种方法，以便全面地了解服务对象及其所处社会环境。具体来说可采取以下方法。

一是询问。询问的方式主要有：①会谈。直接向服务对象询问，经过面对面的会谈收集资料，可以为决定介入与干预的方法提供直接的依据。会谈可以是个人会谈，也可以小组进行。要使会谈有成效，社会工作者需要掌握会谈的技巧，如提问、话题衔接、澄清、反映感受、释义和总结等。②角色扮演。以角色扮演的方式收集资料在某些情况下可以帮助社会工作者了解服务对象的需要和问题。例如，以角色扮演的方式让一对关系紧张的父子将他们的互动方式展示出来，社会工作者可借此了解父亲和儿子各自的需要和感受，他们处理问题的方式和方法，以及他们之间的关系形态，从而发现问题所在。③问卷。问卷是非常有用的收集资料的工具，特别是在老年社区工作中，利用问卷可以收集社区需要、问题和居民意愿。问卷的问题可以是结构性问题，也可以是开放性问题。

结构性问题例子：

你与老年朋友见面的次数是多少？

（　　）一个月不到 2 次

（　　）一个月 2~4 次

（　　）一个月 5~6 次

（　　）一个月 7~8 次

开放性问题例子：

请列出对社区环境最不满意的三件事：

1. ________________________________

2. ________________________________

3. ________________________________

完成句子。当不能直接获得资料时，运用完成未完成的句子这种方式可以获得相关资料。例如，为获取老年人对子女的感受，可以请当事人完成下面的句子：

当 ____________ 时，我的儿子（女儿）就会责骂我。

我跟儿子（女儿）在一起时不快乐，因为 ____________。

二是咨询。为作出准确的预估，社会工作者也常常向其他专业人士咨询意见，以求对服务对象的问题有全面、正确、科学的认识。社会工作者也可以通过转介让服务对象接受其他专业系统的预估，来获取有关服务对象问题的资料。

三是观察。通过实地观察，可以增加社会工作者对服务对象及其所处社会环境的了解，增加对问题的实地感受，使收集的资料更丰富和准确。在参与观察中，观察者本身也是观察系统的一分子。例如，社会工作者在开展服务时既是参与者，同时也是观察者。这种特点使得社会工作者能够融入所观察的现象中，但同时也要注意在参与观察中不因过度介入而影响所观察的现象。

四是家访。家访是老年社会工作者收集资料时常用的方法。在家访中，社会工作者有机会观察服务对象在自然的家庭生活环境中与其家庭和相关社区系统的互动形态，观察和了解很多在机构会谈中不能发现的东西。

第二，分析和解释服务对象的资料与问题。资料本身并不会说话，它们在很多时候甚至是支离破碎的。要使资料具有意义，就要对它们进行整理、分析和解释。分析资料的具体方法如下。

一是排列次序。即按顺序和重要性对资料进行排序，将其排列成为在时间上有先后次序、在逻辑上有因果联系或者有其自身脉络的事件图。

二是发现问题。即识别资料间的关系或形态，发现资料各部分间的逻辑关系，从而能够将零散的资料组合成一个完整的整体，对服务对象的需要和问题有完整的了解。

三是识别原因。识别是指将那些形成问题或者可以缓解问题的因素找出来，进而确定事件各因素间的关系和形态，确定导致问题的原因。识别要求社会工作者从问题的表面深入问题的内部，通过探查问题内在深层的因素，找出问题形成的本质原因。

四是对服务对象的问题与需要作出解释。解释资料的过程与分析资料是同步进行的。社会工作者要注意，自己的解释是有界限和盲点的，服务对象才是他们自己问题的专家，所以要将自己的解释与服务对象进行讨论，不断澄清和修正原先的解释。

第三，认定问题。掌握了丰富的资料后，社会工作者下一步的任务便是要探究服务对象的情况、问题与需要，形成问题阐述。这需要描述服务对象的问题是什么、是如何发生的及发生的原因；描述服务对象的处境及其社会系统的情况，探究服务对象问题得不到解决的原因，以及现在的发展阶段，并预估服务对象参与解决问题的动机强度、学习能力、资源和时间等情况。

第四，撰写预估报告。认定问题后就可以准备撰写预估报告了。预估报告要清楚表达对问题的认识，为社会工作者自己和服务对象、社会工作服务机构、法庭以及那些与服务对象有关的系统提供关于服务对象需要与问题的准确和详细的信息，作为下一步制订介入计划的依据。预估报告的结构：第一部分，资料和事实。这部分主要是对问题的呈现，包括问题发生的时间及涉及的人和系统，以及服务对象和问题的背景（家庭背景、教育背景和学业/就业历史）等。第二部分，专业判断。这部分要阐述的内容包括：对资料的理解；对服务对象问题的评估；对形成问题原因的分析，对问题原因的理解和解释；判断改变的可能性和益处。

（三）预估的主要方法及老年人评估的工具

第一，预估的主要方法。预估的方法有很多，包括上面介绍的各种方法，而社会历史报告、家庭结构图、社会生态系统图、社会网络分析等方法具有简明和直观的特点，是进行预估时经常使用的方法。

社会历史报告方法及其运用。社会历史报告是通过对服务对象社会生活历史的梳理，将各种信息进行整理分析后的综合报告。社会历史报告的内容主要包括服务对象社会生活历史的资料及社会工作者对这些资料的思考和预估。社会历史报告包含的资料有：服务对象系统的资料；服务对象关心的事项、需要、与需要相关的问题，以及这些事项的发展过程；服务对象现在的能力和限制等。

家庭结构图预估方法及运用。家庭结构图也称家庭树或家庭图谱，是以图形来表示家庭中三代人之间关系的方法。家庭结构图的内容与功能如下：一是展现家庭的历史。二是提供家庭成员婚姻、死亡、所处的地位和位置状况以及家庭结构等与服务对象有关的摘要式信息。三是包含家庭几代的关系资料，提供服务对象的家庭关系、资源以及其问题与家庭间关系等资料。

使用家庭结构图作预估时，需要社会工作者和服务对象一同为家庭结构图加上图示，包括家庭的代际关系，主要家庭事件，家庭成员的职业、死亡，家庭的迁移和分散，角色的分配和指派，家庭内关系和沟通模式等。

在家庭结构图中，要使用不同符号来表示包括上述内容在内的特定的含义。一般用方形和圆形分别表示男女性别。用线段表示家庭成员的关系形态或者婚姻状况：实线代表已婚，虚线代表未婚；从夫妇关系衍生下来的孩子以线段相连，父母和子女之间、子女与子女之间用粗细实线表示关系的紧密和不紧密状况，细线表示关系有问题和关系不好。夫妇分居和离婚分别用“/”和“//”符号表示，孩子以出生时间从左到右排列，死亡的家庭成员在方形或圆形图上用“X”表示。还可以在每个图示上注出家庭成员的名字和年龄，以不同符号表示有关结婚、分居、离婚、死亡等情况。例如，M'1999 表示 1999 年结婚，C'2000 表示 2000 年同居，S'2004 表示 2004 年分居，D'2005 表示 2005 年离婚等。另外，还可以用一些简单符号来记录家庭生活中的重大事件，如家庭成员的出生 / 死亡、毕业、工作 / 工作变动、生病、搬迁、意外事故、伤害等。图 2.3 就是一幅家庭结构图。

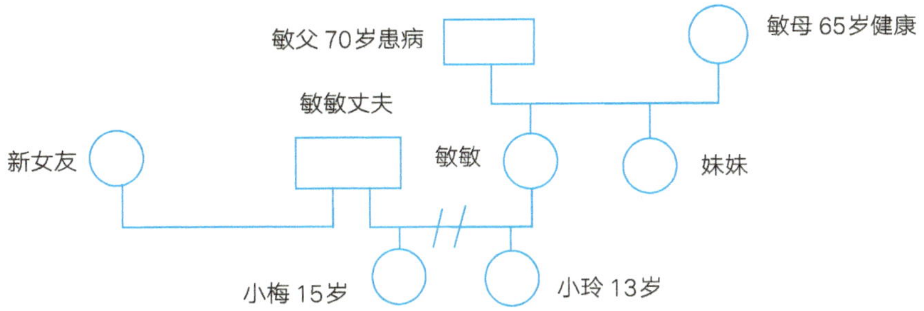

图 2.3 家庭结构图

社会生态系统图方法及其运用。社会生态系统图也可简称为生态系统图。生态系统图展示了服务对象的社会环境，清晰地呈现出个人、家庭、群体、社区及社会系统之间的相互作用和影响，有效地将服务对象与外在环境系统的关系通过图形的形式呈现出来。根据服务对象的生态系统图，社会工作者可以询问下列问题：服务对象收入能否满足基本需要；服务对象是否获得足够资源，例如个人是否有足够的食物和合适的居所；服务对象的邻里关系是否和谐；居住的环境是否安全；服务对象是否获得足够的预防性医疗服务和良好的医疗资源；服务对象能否获得所需资源；是否因地理环境、交通设施等因素而使服务对象未能获得所需资源；服务对象是否与邻居、朋友及小区组织保持良好关系；服务对象是否属于或参与某些群体活动；服务对象所处的社会系统是否接受其他不同的文化、不同种族的价值观；个人、家庭、群体或社区现在持有的价值观是否与周遭的环境有所冲突。

生态系统图所带出的这些问题，能帮助社会工作者认识和判断服务对象的需要、问题及满足需要和解决问题的途径与方向。生态系统图的绘制方法：首先用圆圈将服务对象的家庭系统表示出来，并将服务对象置于圆圈中；其次将服务对象及其家庭的社会环境系统包含的人和团体、组织、机构等用圆圈（或者方形）表示出来；最后用线段将各系统即圆圈连接起来。圆圈间的距离表示了关系的亲疏；连接圆圈间的线条构成则代表关系的本质：实线代表关系紧密，虚线表示关系不紧密，曲线表示关系有问题、有张力或关系紧张；系统间关系线条的箭头则表示关系的方向性。

例如，图 2.4 就是一幅生态系统图。

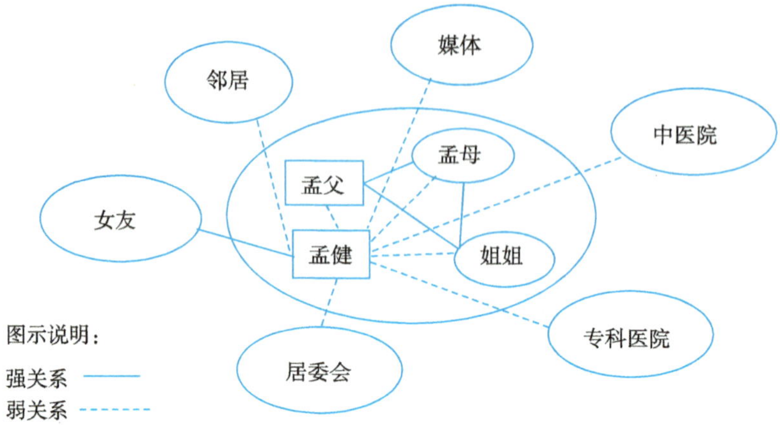

图 2.4　生态系统图

社会网络分析方法及运用。社会网络分析可以评估和测量服务对象社会支持网络的种类和规模，并从服务对象主观经验的角度将其获得支持的性质和数量呈现出来。

社会网络（见表 2.3）在社会工作实务范畴里泛指社会支持系统（social support system），通常指由家庭、朋友、专业人士或其他社会系统提供的帮助、指导和关怀。其中，社会支持是指个人与社会环境的正面互动。社会网络是由正式和非正式支持系统组成的，正式的社会系统包括社会工作者、医生、律师和其他专业的助人者，而非正式的系统包括家庭、朋友、同事、邻居等。

表 2.3　服务对象社会网络表

非正式系统	正式系统	
	社会性系统	专业系统
. 配偶 . 合作者 . 子女 . 家长 . 兄弟姐妹 . 家庭 . 朋友 . 邻居 . 同学 . 同事	· 工作单位 . 社团 . 俱乐部 . 协会组织 . 工青妇组织 . 联谊会 . 休闲娱乐俱乐部 . 互助组织	· 社会工作者 . 精神健康工作者 . 律师 . 医护人员 . 营养师 . 语音治疗师 . 心理学家 . 政府公职人员

社会网络评估工具有：一是社会网络评估表。一般来说，具有支持性的社会网络包括家庭和家庭成员及其亲属、朋友、邻里，以及正式的社会组织（如工作单位、学校、自助团体和其他正式的服务机构）。社会工作者可以将表作为社会网络预估的工具，找出服务对象正式和非正式的社会支持网络。方法如下：首先由服务对象找出他们支持网络中的成员，其次将支持网络的成员和他们提供的支持按其所回应的具体问题进行分类，最后由服务对象描述其如何看待所获得的这些支持。

表 2.4 服务对象正式和非正式社会网络评估表

姓名	关系（亲戚、朋友、邻居、同事、社会工作者等）	帮助他人的愿望（高、中、低）	助人能力社会/情绪	资源/物资	接触次数（每日、每周、每两周、每月、更少）	相识时间（一个月、六个月、一年、一至五年、更长）	关系密切程度（简略说明感情和舒服程度）

上述评估表可以让服务对象和社会工作者知道服务对象的社会网络构成和性质，根据社会网络评估表提供的信息，社会工作者可以使用“社会网络网状格”，也称为“社会网络格”，来进一步预估服务对象的社会网络及其社会支持的状况。

二是社会网络格。在社会网络表的基础上，为了清楚呈现服务对象社会网络提供的支持的性质和数量，可以用社会网络格预估服务对象的社会网络资源和社会支持。方法如下：第一步，询问与服务对象社会网络有关的问题。包括网络可提供或从网络得到的支持类型；网络关系交流的程度，网络成员对服务对象的重要程度，关系的亲疏程度，接触的频率，关系维持的时间长度。第二步，将上述问题写在提示卡上，请服务对象依据如下标准：从未、很少、有时候、总是，描述所获得的社会支持的状况。第三步，将这些内容汇总，填到网络格中，即可绘制出服务对象的社会网络格，并用之预估服务对象的社会支持。

表 2.5 社会网络格

支持者姓名	网络成员序号	支持来源	提供的具体和实质性支持	情感支持	信息 / 意见	提供支持时的批判性	帮助的方向	与支持者关系的亲密程度	见面频率	认识时间
		1. 家庭 2. 其他人的家庭 3. 工作单位 / 学校 4. 机构 / 组织 5. 其他朋友 6. 邻居 7. 专业服务 8. 其他	1. 很少 2. 有时 3. 时常	1. 很少 2. 有时 3. 时常	1. 很少 2. 有时 3. 时常	1. 很少 2. 有时 3. 时常	1. 双方面的 2. 你付出给他们的 3. 他们付出给你的	1. 不太亲密 2. 颇为亲密 3. 十分亲密	0. 不见面 1. 一年 2. 每月 3. 每周 4. 每日	1. 少于一年 2. 一至五年 3. 五年以上
张 x	01									
	02									
	03									
	04									
	05									

社会网络格可以提供直观的信息和以下方面的绝对数字和比例：网络的总规模、经辨识的网络中的全部人数、网络的种类，以及社会网络的总人数和各种社会支持在总体社会网络支持中所占的比例。

分析上述资料，可以让服务对象和社会工作者知道服务对象的社会网络构成和性质，包括：是谁提供了社会支持，提供了哪些支持，有哪些空缺资源，支持网络双向互惠交换的机会，获得支持所可能出现的负面影响和可能招致批评的压力，使用现存网络资源的障碍，服务对象优先选择的社会支持是什么。使用上述网络格，社会工作者可以对服务对象的环境资源进行分析，通过对服务对象微观和宏观社会处境的分析，整理出服务对象个人、家庭和社区的社会网络及网络提供的资源和支持，为社会工作者制订介入计划提供依据。

第二，老年人评估的工具。社会工作者最常做的是老年人的基础性评估，这类评估一般是综合性的，通常会评估老年人的身体状况、心理状况、社会功能、日常活动能力、经济状况、环境安全六个方面的状况。这六个方面的评估有的有标准化的量表，有的没有。社会工作者会根据所服务对象的特点设计评估问题。

一是在身体健康方面，评估工具一般包括疾病诊断、治疗和用药情况筛查表。老年人常见病、慢性病是关注的重点。此外，评估还会了解相关社会服务的使用情况。

二是在心理和情绪方面，评估的重点是认知功能和情绪状况。认知功能包括近期记忆、程序记忆、定向能力、判断能力等。常会将福尔斯坦简易精神状态检查（Folstein Mini-Mental Status Exam，MMSE）作为筛查阿尔茨海默病的初步工具。情绪状况的评估包括抑郁症状、焦虑症状和自杀意念等。有关阿尔茨海默病已有专门的评估工具。常用的甄别抑郁症初步症状的监测工具是老年抑郁量表，量表包括观念、躯体症状和行为三个维度的测查。

三是在社会功能方面，评估的目的：确定老人参与了哪些社会活动或者想参与哪些社会活动；确定老人是否有自认为能够调动的社会支持资源。评估的重点是社会参与和社会支持，包括老人的生活方式、参与的活动、感知到和获得的社会支持。有关社会支持已有成熟的量表可以使用，如社会支持评定量表，包括客观支持、主观支持和对社会支持的利用度三个维度。

四是在日常生活能力方面，评估的重点是独立生活能力，包括自我照顾能力和独立生活能力。常用的评估工具包括日常生活能力评定量表（Activity of Daily Living Scale，ADLS）和工具性日常生活活动量表（Instrumental Activities of Daily Living Scale，IADLS）。前者的目的是确定老人完成基本的生活自理事宜的能力，诸如进食、如厕、走动和移位、洗澡、穿衣和梳洗等。后者的事宜比日常生活能力评定量表中的事宜要更复杂些，但仍然是独自在家中生活所需要的基本技能，比如接打电话、做饭等。重要的工具性日常生活活动评估项目包括：使用电话、购物、做饭、做家务、独自使用交通工具出行、服药和财物管理等。

五是在经济状况方面，重点是评估老人是否存在经济方面的困难，影响老人的基本生活和健康维护。了解老人的经济状况有助于识别其是否有资格享受社会救助或其他来源的经济或物质方面的援助。这方面的评估通常包括老人个人的固定收入，也包括共同生活的家庭成员收入。

六是在环境安全方面，重点是评估家居环境的安全性。包括观察房屋总体修缮情况、家居有无安全隐患和基本的安全防护措施，确保老人居住的环境对人身安全有保障。评估工具可以使用老年人家居安全查对表。

三、计划阶段

计划是一个理性思考及作决定的过程，包括制定目标及选择为了达到目标而采取的行动。

（一）计划阶段老年社会工作者的工作任务

老年社会工作者在计划过程中应完成下列工作，包括但不限于：邀请老年人及其家庭参与服务计划的制订；设定服务计划的目的和目标；目标的制定应符合具体、可衡量、可达到、可评估、有时限的 SMART 原则；制定介入策略、行动步骤及进度安排；拟定预期存在的困难、风险及其应对策略和预案；明确社会工作者、老年人和照顾者各自的任务和角色；制订过程评估和成效评估计划及指标；拟定服务所需的人力、经费、设备设施等资源保障。

（二）制订服务计划的方法

第一，设定目的和目标。“目的”是服务对象对想要达到的境界的宽泛的、总体性的陈述，是社会工作者和服务对象通过努力期望最终达到的总目标。为了完成这个总目标，需要设定很多具体目标，这些具体目标是现实可行的，并且是可以测量的。例如，一对关系紧张的父子希望改善关系，他们求助的目的是“建立良好的父子关系”。但什么才是“良好的关系”呢？这需要对“良好关系”进行具体的界定和描述，即通过设定一些具体的措施和指标来逐步实现父子之间的“良好关系”。在这一例子中措施和指标可包括：每天至少交谈一个小时，每周共同参加一次“家庭生活教育”小组活动，等等。

第二，构建行动计划。当工作目标设定后，社会工作者需要与服务对象讨论如何实现既定的工作目标，即制订一套行动计划来实现目标。构建行动计划的过程实际上就是选择介入方法和介入系统的过程。选择介入系统。在社会工作的助人活动中，“系统”是指社会成员之间的相互交流域，如夫妻、家庭、邻居、医患关系，小组、机构、照顾系统等；也包括由这些交流所引发的生理心理过程，如思维、情感、激素分泌或疾病等。社会工作的介入系统即是前述的服务对象，同时也包括为帮助和协助对象解决问题而需要介入的其他社会系统，包括宏观社会系统。选择介入系统的根据是对服务对象需要与问题的预估结果，包括通过对服务对象正式和非正式社会网络与支持的分析，来选择和决定正式和非正式社会网络与支持系统的介入策略。一般来说，社会工作的介入系统可以分为直接介入系统和间接介入系统两类，社会工作者要根据服务对象的需要决定介入的系统。

第三，选择行动内容。社会工作介入行动是实现目标的手段。行动可以分为如下类型：一是危机介入，危机介入是社会工作中常见的内容。当服务对象遇到突发性事件时，例如，遭受暴力虐待、出现自杀行为、突发公共事件等问题发生时，需要社会工作者立即进行介入。二是资源整合，制订计划时，社会工作者要根据服务对象的需要和问题，建立串联的资源网络，包括服务对象需要哪些资源、谁能提供这些资源、如何动员资源以及什么时候和怎样使用资源等。三是经济援助，经济援助可以分为常规性的援助和临时性的援助两种。常规性经济援助包括对低收入的服务对象给予正式制度性帮助。临时性经济援助是当服务对象出现特别需要时提供的帮助，如紧急医疗救助。四是安置服务，这类服务指将服务对象带离原有生活场所进行暂时或替代性安置的服务。比如为老人提供服务的养老院、日间照料中心。

第四，签订服务协议。当行动计划制订完成后，社会工作者要与服务对象签订服务协议，以保障计划的执行。服务协议的内容大致包含以下内容：计划的目的与目标；双方各自的角色与任务；为达到目的与目标所采取的步骤、方法与技巧；期望达到的结果，以及进行总结、测量和评估的方法。社会工作的服务协议可以是书面协议，也可以是口头协议。书面协议要列明各项工作的目标及双方的义务和责任，这样的协议对于服务对象的改变过程是有积极帮助的，因此，一般来说最好是能够签订书面协议，使其起到督促双方的作用。在实际工作中，口头协议也很常见。口头协议在效用上与书面协议并没有明显的不同，一般用于专业关系建立的初期，是服务对象还不习惯签订书面协议时的变通。

四、介入阶段

介入是社会工作计划的具体实施。在这个过程中，社会工作者运用专业的理念、方法和技巧，挖掘和运用服务对象的内在动机、潜能，与服务对象共同寻找资源、解决问题。

（一）介入阶段的工作任务

老年社会工作者在介入过程中应完成下列工作，包括但不限于：促使老年人及其家庭、相关人员学会运用现有资源；对老年人与环境产生的冲突进行调解；运用各种能够影响老年人改变的力量帮助老年人实现积极的改变；采用优势视角，鼓励和协助老年人发挥潜能，注意发掘和运用老年人所在社区或机构的资源；协调和链接各种老年人服务的资源和系统；促进老年人所处环境的改善；促进老年人政策的改善。

（二）基础方法

老年社会工作者可以根据实际情况综合运用个案工作、小组工作、社区工作等社会工作直接服务方法及社会工作行政、社会工作研究等间接服务方法。

第一，直接介入。直接介入指以个人、家庭和群体为关注对象，针对个人、家庭和群体采取的行动，重点在于改变家庭或群体内的人际关系，或改变个人、家庭和小群体与其环境中个人和社会系统的关系与互动关系。

第二，间接介入。间接介入指以个人、家庭、小组、组织和社区以至更大的社会系统为关注对象，由社会工作者代表服务对象采取行动，通过介入服务对象以外的其他系统以间接帮助服务对象的行动。间接系统的介入通常也称为改变环境的工作，或中观和宏观社会工作实务。

第三，直接和间接综合介入。根据“人在情境中”理论，从人与环境互动的视角出发，社会工作将介入焦点放在：增强个人的适应能力；增加社会和物理环境对个人需要的回应。这种人与环境两个环节介入的策略，就构成了将直接实践和间接实践结合在一起的综合介入行动。

（三）针对特定需要的介入方法

第一，缅怀治疗。缅怀治疗是基于老年人的心理特点发展而来的，对于老年人的抑郁症、自尊和社会化有积极的作用。老年社会工作者协助老年人缅怀过去，找回以往的正面事件和感受，从正面的角度去理解和面对过去的失败与困扰，从而肯定自己，适应现在的生活状况。而且，老年人对于过往的兴趣，可以弥补目前探索和把握不断变化的环境所受到的能力和机会上的限制。缅怀治疗法主要适用于帮助老年人缓解抑郁、轻度失智等问题。在运用这一方法之前最好做一下测试，了解老年人对生活的感受。这一方法对于认知有严重问题、行为错乱、有严重精神疾病的老年人并不适用。但对于有轻微认知症的老人可以有好的成效。

第二，人生回顾疗法。老年社会工作者引导老年人通过生命重温，帮助老年人处理在早期生活中还没有妥善处理的问题，从而解决长期的心结。社会工作者在运用这一方法时最好先做一下前测，了解老年人对生活的感受。比如，可以运用相关量表了解老年人的生活满足感和抑郁症状，建立评估的基线。人生回顾不仅是要更好地了解老年人的一生，更重要的是通过回顾获得领悟，使老年人摆脱过去的阴影，生活得更满意，更有建设性。人生回顾疗法主要适用于帮助老年人处理长期的情绪问题，让老年人逐步识别自己拥有的力量。

第三，现实辨识。老年社会工作者通过向老年人提供持续的刺激和适当的环境提示，帮助他们确认时间、方位或者人，帮助他们与现实环境“接轨”，主要适用于预防和缓解老年人认知混乱、记忆力衰退。老年社会工作者采用现实辨识方法常以小组活动的形式介入。现实辨识小组（Reality Orientation Group）的成员一般是有轻度到中度认知混乱的老年人，社会工作者通过环境中的一些提示，帮助他们确认时间、方位或者人，让思维混乱的老年人与现实环境“接轨”。现实辨识小组一般在护理院、医院中开办。在理想的情况下，现实辨识小组是这些服务机构中常规工作的组成部分。小组工作只是机构让头脑混乱的老年人与现实环境“接轨”的整体工作的一部分。

现实辨识小组一般每天活动 1~2 次，每次 30 分钟。理想的情况下小组由 5~7 人组成，另有一名小组带领者。如果小组中的老年人功能状况不太好，那么可能就需要两名带领者。下表是对开办现实辨识小组活动的一些建议。

表 2.6　现实辨识小组的活动

* 用应季水果和蔬菜
* 讨论时事新闻，如重要的本地新闻、重要的历史事件纪念活动等
* 玩简单的互动游戏，比如跳棋或者和另一个人搭档的游戏
* 听现在的音乐和过去熟悉的音乐
* 用摄像机或数码相机拍照，让老人马上能看到结果
* 为节日开办主题晚会
* 在不同的季节到花园里散步或者是找寻大自然留下的痕迹
* 放映现在的电影和钟爱的老电影
* 在节庆的时候观看焰火
* 坐车在本地社区游览，观看节日装饰
* 由健康护理人员或本地其他专家作教育性讲座
* 邀请本地学校的乐队来演出流行音乐

第四，动机激发。老年社会工作者通过协助老年人接触他人、参加群体活动，激发老年人对现在和未来生活的兴趣。使老年人聚焦在让人愉悦的活动中，避免开展让老年人感到烦恼或无望的活动。主要适用于预防、缓解老年人社交能力受损、产生负面情绪等。同样，开展动机激发小组介入，有助于帮助老年人重新与他人建立联系，摆脱纠结于眼前麻烦和对未来失去兴趣的状况。

动机激发小组一般由 15 个以内老年人组成，成员没有患认知症或抑郁症，有一定的听力和语言表达能力，能积极参与小组活动。小组活动共有 6~12 节，每周举办一次。挑选相互了解的人或有共同兴趣的人做组员，通常会减少一些老年人对加入小组的犹豫。社会工作者需要非常了解每位老人，能拟定有感召力的小组活动，然后运用已掌握的老人情况去激发每个人的兴趣。

动机激发小组应该聚焦在让人愉悦的活动上，避免开展让老年人感到烦恼或无望的活动，因为正是这些负面问题让老年人脱离了与眼前生活的对接。表 2.7 列出了一些动机激发小组活动的建议。

表 2.7　动机激发小组的活动

* 园艺
* 准备过节
* 准备做 1 ~ 2 个人的饭菜
* 艺术和手工制作
* 演示目前的计算机技术
* 化妆和时装表演（用于妇女小组）
* 简单的、花费不多的装饰家的小点子
* 宠物见面会
* 按章节大声朗读一部小说
* 观看教育性的电视节目
* 把握充当志愿者的机会

第五，园艺治疗。老年社会工作者组织和协助老年人参与园艺活动，接触自然，舒缓压力，复健心灵。主要适用于预防和缓解老年人身体和精神的衰老。

第六，照顾管理。老年社会工作者综合评估老年人的需求，并计划、统筹、监督、再评估和改进服务，实现对老年人持续、全面的照顾。主要适用于需要长期照护的老年人，以及具有多重问题和复杂需求的老年人。

五、评估阶段

（一）评估阶段的工作任务

老年社会工作者在评估过程中要完成下列工作，包括但不限于：

一是根据服务计划中制订的过程评估和成效评估计划开展评估。过程评估是对整个介入过程的监测评估，包括社会工作介入进行中的评估。它对工作过程的每一个步骤、每一个阶段分别作出评估，关心的重点是工作中的各种步骤和程序怎样促成了最终的介入结果，方法是了解和描述介入活动的内容，回答服务过程中发生了什么以及为什么发生。过程评估提供有关服务过程的各种信息，包括工作目标、介入过程、介入行动和介入影响。成效评估应该引导老年人形成对活动前后的自我认识评估，同时社工也要对老人进行活动前后的评估，而老人也需要在每一次活动后分享感受并进行评估，最后通过前后测量表进行前后测分析评估。

二是采取多种方式收集和分析与服务相关的资料，包括客观资料、主观感受与评价等。可以利用档案记录收集资料进行评估，主要包括对服务对象所填写的有关接受服务的资料和他们对服务效果的叙述进行研究评估；可以通过访谈、观察和记录等收集服务对象对介入过程和结果的意见与看法；收集介入效果的数据和事实资料可以通过让服务对象填写问卷，以获取实务效果的客观资料，以及服务对象对介入效果的主观感受方面的资料。

三是撰写评估报告。

（二）评估的技巧与方法

进行评估的方法大体分为两类，即质性方法和量化方法。社会工作评估的目的在于找出问题、总结经验，因此选择评估方法的原则应是简单、可行和实用。评估的方法与技巧有以下几种。

第一，基线测量方法与技巧。基线测量方法是在介入开始时对服务对象的状况进行测量，建立一个基线作为对介入行动效果进行衡量的标准基线，以评估介入前后的变化，并以此判断介入目标达到的程度。基线测量方法可以应用于对个人、家庭、小组或者社区的工作介入评估，通过对服务对象介入前、介入中和介入后的观察和研究，比较服务提供前后发生的变化。

基线测量法的操作程序：首先是建立基线。建立基线的方法：一是确定介入的目标，例如，服务对象行为、思想、感觉、社会关系或社会环境的变化及指标；二是选择测量工具，包括直接观察或使用标准化问卷及量表；三是对目标行为进行测量并记录目标行为（或者思想、感觉、社会关系、社会环境）的情况。这个过程建立的是基线数据，此过程也称为基线期。其次是进行介入期测量。建立基线后就开始对服务对象实施介入，并对基线调查中所测量的各项目标行为和指标进行再测量，以作数据比较之用。这个过程称为介入期。再最后是分析和比较。将基线期和介入期的数据按测量时间和顺序制成图表，将每个时期的数据资料进行连接，呈现数据的变化轨迹和变化趋势，并将基线期和介入期的数据进行对比。如果两个数据不同，一般可以认为是介入本身作用的结果。

常用的基线测量法包括：单一个案设计、对照组设计以及时序性系列测量。

第二，任务完成情况的测量方法与技巧。在实际工作中，服务对象的目标是被分解成许多具体的行动和任务，因此，通过探究服务对象和社会工作者完成了哪些既定的介入任务也能确定介入的影响。一般来说，可以运用 5 个等级尺度来测量任务的完成情况：“0”为没有进展；“1”为极少实现；“2”为部分实现；“3”为大体上实现；“4”为全部实现。将每项任务的最后得分加到一起，然后除以可能获得的最高分数，就能确定完成或者介入行动成功的百分比。例如，有三个任务要去完成，而可能获得的最高分数是 12（4×3），用得到的总分除以 12，再乘以 100% 就是完成任务的百分比。

第三，目标实现程度的测量方法与技巧。这种评估方法是对介入目标的评估。

一是目标核对表。在有些情况下，社会工作的目标行为比较难以清楚界定，此时社会工作者和服务对象可以共同协商选择一些目标来指示介入的方向，并将它们罗列出来。在工作介入过程中和介入结束时都用一些等级尺度来衡量介入后的行为，并记录下它们，将介入后的行为与介入前的行为进行核对，从而发现有哪些新行为是介入前没有的、介入后才出现的，并讨论这些行为对服务对象的意义。这样就可以发现介入前后服务对象的行为变化。

二是个人目标尺度测量。社会工作的服务对象千差万别，因此，社会工作者和服务对象可以制定非常个人化的测量尺度，来评估服务对象的改变情况。具体做法是按照服务对象的实际情况，分轻重缓急制定出几个目标，然后使用大家认可的等级尺度，例如 5 级制，来测量和计算出服务对象实现个人目标的情况。

第四，介入影响测量方法与技巧。

一是服务对象满意度测量。做法是由服务对象用口头或书面形式，包括填写问卷来表达对介入效果的看法。这是一种评估介入影响的方法，特点是操作简单又不需要花费太多时间和资源。但这种方法的局限在于，测量比较粗糙，有时服务对象会倾向于对介入给予积极的评价，因此评估有可能不准确。

二是差别影响评估。这是一种更为结构性的评估方法。首先由服务对象对介入影响进行自我陈述，报告自己有哪些变化。其次区分出哪些是介入本身带来的变化，哪些是其他因素带来的变化。与满意度测量一样，社会工作者也要注意这种方法有可能带有服务对象的主观色彩。

三是要做好评估工作，还要注意在评估中：注重社会工作者的自我评估与反思；调动服务对象的积极性，使其积极参与；评估的方法要与社会工作的价值观相吻合，并注意保密；切合实际需要，社会工作者需要选择实施评估时的物理环境和最佳时机作评估；同时社会工作者需要向服务对象解释评估的目的；评估信息既需要通过与老人的沟通交流来获得，也需要通过观察来补充和验证，所以也需要社会工作者通过观察来收集评估信息。

六、结案阶段

当社会工作的协助已经成功地达到了预定目标，或者当服务对象认为已经达到足够的改变而要求终止工作，或社会工作者由于某种原因而不能继续服务时，社会工作的过程就结束了，此时就进入了社会工作的最后一个环节，即结案阶段。

（一）结案阶段的主要任务

老年社会工作者在结案过程中应完成下列工作，包括但不限于：根据服务效果和具体情况确定能否结案；巩固老年人及所处环境已有的改变；增强老年人独立解决问题的能力和信心；避免或妥善处理因结案产生的负面情绪；结案后提供跟进服务。

（二）结案时服务对象的反应及处理方法

结案对于服务对象是一个转折性事件，意味着他们生活中一种特定状况的结束和另一种独立生活新经验的开始。服务对象在这个阶段可能会出现两极情感反应，即一方面对即将到来的分离产生失落、难过等负面情绪，另一方面也充满兴奋、希望和成就感等正面情绪。

第一，服务对象的正面反应。接受社会工作的协助对服务对象来说是特别的人生体验，多数人都能在与社会工作者的合作中获益，因而在结案时有正面情绪反应，包括对获得成长与成功的欣喜、对整个工作过程带给他们新认识的肯定、感觉视野开阔了、对与社会工作者关系的满意、对社会工作者的帮助充满感激、对未来充满信心等。结案时社会工作者要对这些正面反应给予肯定并适时适当地进行强化，以增强服务对象面对未来的信心。需要注意的是，社会工作者要避免刻意渲染这种气氛，以防止产生离别的伤感情绪，影响服务对象正常的情绪反应。

第二，服务对象的负面反应。不管是哪一种社会工作的介入和协助，服务对象在整个过程中都会感受到社会工作者的真诚、关注、尊重、接纳和肯定，这是社会工作者的专业要求，也是专业关系的特质。由于结案意味着社会工作专业关系的终止，意味着社会工作者服务对象要回到各自的生活世界中，也意味着其后社会工作者与服务对象就要停止接触，服务对象不再有社会工作者的陪伴，因此终止关系可能会给服务对象带来分离焦虑等感受，表现为对这种即将到来的结案产生负面反应。

常见的负面反应包括：否认——不愿承认已到结案期，避免讨论关于结案的话题，表现为不准时与社会工作者见面、心不在焉等。倒退——恢复到以前的状态，以此拖延结案的到来。依赖——对社会工作者过分依靠。抱怨——对社会工作者不满意。愤怒——表现为对社会工作者不满，批评、攻击和挑战其他人。结案时的愤怒会因结案类别而有不同表现，那些因社会工作者离职而结案的服务对象，其愤怒表现得可能会更强烈些，极端情况下可能会有身体攻击。社会工作者要感知服务对象愤怒情绪后面所隐藏的悲伤、难过等情绪，谨慎地处理这些负面情绪。讨价还价——当发现没有可能阻止结案时，有些服务对象会寻找理由延长服务期限，有时还表现出倒退行为，很多已解决的问题又重新出现等。忧郁——当所有延长结案时间的努力都无效时，有些服务对象会表现得无精打采、失落而无助，对结束关系充满焦虑。

（三）结案反应的处理方法

社会工作者要注意在结案期服务对象可能会有的这些负面反应，并在结案阶段审慎处理它们，采取合适的步骤与方法让服务对象适应和接受结案即将到来的事实。具体方法包括以下几方面：

第一，与服务对象一起讨论他们对结案的准备情况。在结案前与服务对象回顾个案、小组、家庭或者社区工作的过程，以确定结案的时机是否已经成熟。

第二，提前让服务对象知道结案的时间，使其早些做好心理准备。社会工作者应该明白服务对象的负面反应只是暂时性的，社会工作者要做的是尽力减少结案的副作用。方法是鼓励服务对象公开讨论结案，并告诉他们结案可能使他们感到难以接受。社会工作者要以同感的态度向服务对象传达愿意与他们讨论、理解他们的心情等信息，以减少其负面情绪。

第三，结案阶段社会工作者要逐渐减少与服务对象的接触，提醒服务对象要学会自立，给服务对象以心理支持，告诉他们在有需要时社会工作者将继续提供协助。

第四，估计可能会破坏改变成果的因素。社会工作者要预防问题的产生，继续提供一些服务，并为服务对象提供能够对他们有帮助的资源系统的支持，待服务对象的改变成果稳定后，再最后结束专业助人关系。

第五，安排正式的结案活动。必要的时候安排活动，让服务对象分享各自的收获，以建设性的方式表达感受，相互鼓励，面向未来。

【任务导入】

某社区对 60 岁以上的长者进行信息收集和调查评估时，发现三位 80 岁以上的长者患有不同程度的失智症。这是一种发生在中老年的不可逆的疾病，主要特征为认知和智力功能的衰退，或有攻击他人的行为，这些都给照顾者带来很多困难和压力。请结合老年社会工作实务通用模式介入。

【任务分析】

一、分析

1. 接案：了解服务对象的来源，明确服务对象的类型，了解服务对象的求助过程，使“潜在服务对象”成为“现有服务对象”，与服务对象初步建立专业关系。

2. 预估：收集与服务对象有关的详细资料、了解服务对象问题形成的过程。

二、介入和计划

1. 介入：制定目标，选择为了达到目标而采取的行动。

2. 计划：运用专业的理念、方法和技巧，挖掘和运用服务对象的内在动机、潜能，与服务对象共同寻找资源、解决问题。

三、评估和结案

1. 评估：根据服务计划中制订的过程评估和成效评估计划开展评估，采取多种方式收集和分析与服务相关的资料，包括客观资料、主观感受与评价等。

2. 结案：根据服务效果和具体情况确定能否结案；巩固老年人及所处环境已有的改变；增强老年人独立解决问题的能力和信心；避免或妥善处理因结案产生的负面情绪；结案后提供跟进服务。

四、主要训练目标

1. 熟悉老年社会工作的六个实务通用过程。
2. 能熟练运用每个阶段的方法和技巧开展服务。

【任务实施】

一、操作流程图

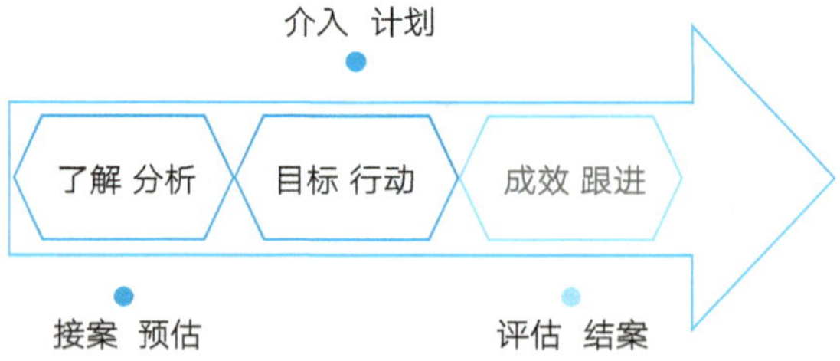

图 2.5 老年社会工作实务通用过程流程图

二、操作注意事项

1. 注意六个过程的衔接。
2. 注意和服务对象建立关系的阶段不能操之过急。
3. 注意掌握和熟悉每个阶段的方法的区别。

【任务工单】

表 2.8　老年社会工作实务通用过程训练任务工单

<table>
<tr><td>任务名称</td><td>老年社会工作实务通用过程训练</td><td>学时</td><td></td><td>培训对象</td><td></td></tr>
<tr><td>学生姓名</td><td></td><td>联系电话</td><td></td><td>任务成绩</td><td></td></tr>
<tr><td>任务设备</td><td></td><td>操作时间</td><td></td><td>操作地点</td><td></td></tr>
<tr><td>任务目的</td><td colspan="5">1. 掌握老年社会工作实务六个通用过程
2. 每个阶段的任务熟悉
3. 能够把握每个阶段的方法和技巧
4. 能够在接案阶段和案主建立关系
5. 能够制订合理的服务计划
6. 能够学会进行服务效果的评估</td></tr>
<tr><td rowspan="4">任务实施</td><td>准备</td><td colspan="4">1.
2.
3.</td></tr>
<tr><td>实施流程</td><td colspan="4">1.
2.
3.
4.
5.
6.
7.</td></tr>
<tr><td>实施总结</td><td colspan="4">1.
2.</td></tr>
<tr><td>实施评价</td><td colspan="4"></td></tr>
<tr><td>教师评价</td><td colspan="5"></td></tr>
</table>

【思考实践】

1.“围绕服务对象开展了形式多样、贴合需求的活动，但为什么在项目评估的时候，还是不尽如人意，被认为是没有特色呢？”“在设计项目的时候，结合了相应的理论，也运用了相关手法，但为什么拿不出优秀案例呢？”“每天都很忙，做的工作也很多，但是就是不出成效，面对这样的状态社工该如何做呢？”针对以上问题进行反思，并与大家分享。

2. 老年社会工作实务过程和家庭社会工作实务过程是否一致？每个阶段有什么不一样？

任务四 老年社区活动策划与实施

【知识详解】

一、老年社区工作主要模式的含义、特点和实施策略

（一）老年地区发展模式

1. 地区发展模式的含义

老年地区发展模式的核心理念是强调老年人的参与，从理论和实践中逐渐形成了关注系统建设的“地区发展模式”和关注区域发展的“地区发展模式”。

美国学者杰克·罗斯曼根据地区发展以及社区建设的相关经验提出了地区发展模式。该模式强调在一个较大的社区范围内鼓励社区居民通过自助或互助的方式，广泛参与社区事务，解决社区问题，推动社区发展。老年地区发展模式包含三个方面的含义：一是强调是一种以地区为基础的经济、社会、文化等实质内容的发展；二是强调是一种发展理念，促进当地居民需求与当地的资源、环境和人口的协调、可持续发展；三是强调是一种社会工作的介入手法，推动社区居民自下而上地参与、合作，让居民集体组织起来掌握、利用社区资源，解决社区问题，满足社区福利需求，增强社区归属感和凝聚力。

2. 老年地区发展模式的实施特点

地区发展模式是社会工作者协助社区老年人、社区成员分析老年人的问题、发挥其自主性的工作过程，目的是提高社区老年人、社区成员以及社区老年社会团体对社区的认同，鼓励他们通过自助和互助，解决社区问题，增强社区的归属感。地区发展模式的主要实施特点有：

第一，较多关注社区内老年人生活的共同性问题。所谓共同性问题，是指社区

中对绝大部分老年人生活造成影响的问题。

第二，通过建立社区自主能力来实现社区的重新整合。老年地区发展模式所关注的社区，一般都存在着社区老年人、社区居民对社区事务、社区老年人事务漠不关心，与老年人关系淡薄，缺乏解决社区老年人问题的能力等现象。引导社区居民、社区老年人参与讨论、分析问题并逐渐达成共识，而不直接将问题的结论告知，以此提高居民的沟通、交流、理解、分析、协商等能力，培养互谅互融的意识。

第三，过程目标的地位重要性超过了任务目标。按照社区工作目标分类，地区发展模式的目标也可以分为两个：一是任务目标，即完成实际的工作或解决一些特定的社区问题，如提供某些服务，争取法规制度的改善等。二是过程目标，是指建立长久的制度或老年人社区组织。因此，老年地区发展模式致力于重建老年社区支持网络，增加社区居民之间、社区居民与社区老年人之间、社区老年人之间的互动和交往。重建老年人与老年社会组织之间的紧密联系，帮助老年人、社区居民了解参与的重要性。

第四，特别重视老年人和社区居民的参与。老年人和社区居民是社区的重要组成部分，是社会工作服务开展的主要服务对象。随着老龄化社会的不断发展，社区老年人面临的问题是每个社区都无法回避和必然产生的社会现象，社区老年人问题由社区老年人、社区居民去发现，参与则是应对和解决社会问题的方法之一。

3. 地区发展模式的实施策略

第一，促进老人之间、老人与居民之间的交流。促进交流主要是针对社区居民对社区中老人，以及社区老人之间存在的冷漠和疏离所采取的策略。社会工作者一般会通过组织一系列的社会交往和公共活动（如老人文艺演出、老人书画比赛等）让老人、居民之间相互熟悉、交流沟通，并让部分积极性高的社区低龄老人承担一些任务，或者参与活动的策划与管理。

第二，团结邻里。团结邻里主要是针对社区中老人居住的环境中不良的邻里关系而采取的策略。社会工作者会组织多元化的社区活动鼓励老人和社区居民参与，推动建立社区的归属感和认同感。例如，通过社区网格化建设，加强邻里之间的沟通，改善邻里关系。通过讨论社区适老化建设、社区老人活动空间建设、敬老爱老文化氛围建设等主题，培养居民、社区老人关注老年人公共空间建设和文化建设的意识。

第三，社区教育。社区教育主要解决的是老年人对社区资源陌生、不熟悉或社区认同不足等问题，促使老年人认识社区和关注社区事务。老年地区发展模式较多在一些老龄化严重的居民区内开展，老年人对社区的商业网点、学校、医院、社会服务机构不熟悉，社会工作者可以通过发放宣传单、绘制社区地图、绘制资源树等方式告知老年人社区现有的社会服务情况，帮助老年人了解社区资源的分布。另外社会工作者可以通过告知老年人如何运用这些社会资源来改善自身的生活。

第四，提供服务和发展资源。提供服务和发展资源，主要解决的是社区内针对老年人的社会服务和社区资源缺乏的问题。在服务提供方面，社会工作者要根据老年人的需求，利用社会工作的专业知识和技巧，开展多种形式的社区活动或教育活动，发动社区资源，开展互助形式的服务。对于有一些特殊需求的老年人，可以提供转介服务，转介到养老机构。在发展资源方面，社会工作者主要是挖掘社区中的人力资源，包括发现、挖掘和培养居民骨干；引进一些社区以外的专业人士做顾问，指导老年社区工作；推动社区成立老年社团关注老年人参与社区活动。

第五，社区参与。社区参与主要解决社区老年人面对的部分共同问题。社会工作者一般通过动员居民集体参与解决问题，也会建立居民关注问题小组来促进社区力量的系统化。另外，社会工作者可以提供一些建设性途径让老年人表达意见，反映民意。

（二）老年社会策划模式

1. 老年社会策划模式的含义

老年社会策划也称老年社会计划模式，是指在理性方法指导下，依靠专家学者的意见和知识，在准确把握社会服务机构的使命、宗旨等的基础上，确立老年社区工作目标，并在目标的指引下，从多个预选方案中选择最佳的工作方案，然后结合老年人需要，动员和分配资源，并在工作过程中根据不断变化的实际情况修改计划，保证计划朝预定目标进行，在工作结束时对计划执行情况进行总结和反思，最终解决社区问题。

2. 老年社会策划模式的特点

第一，注重任务目标的实现。社会策划模式所关注的老年社区存在着多重问题，这些问题需要排列优先次序，逐一解决。在老年社会策划模式中，任务目标是解决实质性的社区老年问题，过程目标是收集和分析资料以及系统分配时间和动员资源。社会策划模式注重任务目标的实现，以解决实质性社区老年问题为主要工作取向。

第二，强调运用理性原则处理问题。一方面在工作中设定清晰的目标和价值取向，制订可行性方案，预估方案的受益情况与代价，选择代价最低、效果和效率最佳的方案实施，强调执行过程的理性化；另一方面运用定量和定性研究方法收集、分析和解释资料来协助作出决定，强调执行技巧的科学化。

第三，注重自上而下的改变。社会工作者扮演着专家的角色，运用专业知识、科学决策的能力及其权威，策划和推动改变。社会策划的过程主要是收集与问题有关的各种资料，了解问题的本质和发生原因，并用理性的态度决定解决问题的行动方案。社区工作者在收集资料、分析事实、决定方案、采取行动等过程中居于主要位置。

第四，指导社区未来变化。社会策划是通过分析当前和过去的资料，预测将会发生的事情，并设计应付的对策，其目的是尽量降低社区未来变化的不稳定性。

3. 老年社会策划模式的实施策略

第一，明确组织的使命和目标。社会工作者一般都是社会服务组织（包括街道办事处、社区服务中心、以社区为本的非营利服务机构等）的成员，其所服务的组织或机构各自都有一套服务信念和使命，用来表示其存在的价值和提供服务的意义。使命代表了社会服务组织的理想、蓝图、目标和信念。明确的服务使命可以鼓励工作人员认同，并指引他们认清工作的方向、范围、重要性及意义，指导其建立工作目标。而组织的目标则指出了组织所要解决的社会问题和所要满足的社会需要。

第二，分析环境和形势。社会工作者要收集老年社会环境发展趋势的资料，了解对计划有影响力的人士和团体，分析他们的利益和需求、他们与计划的关系及对计划的期望和要求。此外，还需要考虑如何获得财政支持和人力支持，并预测整体环境的改变和变化趋势，了解计划将会面对的机会、竞争和障碍。

第三，客观地认识自身的能力。社会工作者评估自身所在社会组织，认清自身的优点和不足，分析将要开展计划的优势和劣势，制定清晰的目标、界限和范围。

第四，界定和分析问题。社会工作者要寻找出社区老年人问题存在的现状、特点、成因以及目前解决这些问题的方法的不力或不足之处，具体包括了解受问题影响的人数、人群特征及居住区域，掌握不同类型人口之间的比例。

第五，确定需要。对老年人需要的界定和评估，确定社区老年人的需要，明确解决老年人问题的方案，才能够明确要在哪些方面作出努力。

第六，建立目标和达到目标的标准。目标代表了工作的方向和预期要达到的理想效果。目标的建立要遵循 SMART 原则：一是设置的目标清晰、明了；二是目标的设置要可以衡量；三是设置的目标要有实现的可能性；四是设置的目标要有相关性；五是目标的实现要有时间的限制。

第七，列出、比较并选择可行方案。确立执行目标后，列出能达到目标的可行性方案和策略，并确定各个方案的理论依据，使问题的成因、解决方法和效果连接起来，以便能够评估各个方案的收益与代价，掌握其效果和效率。方案的选择，应当充分考虑其可行性、运行效果和被老年人接受的程度。

第八，测试方案。选定服务方案后，便需要决定执行机构的人力、预算和工作程序等。社会项目服务方案的整个计划需交给拨款者或资助者了解并实施拨款，要争取获得社会服务组织行政决策系统的批准。方案测试过程中，计划可能会因外部环境的变化而进行修改，一般都是因为服务经费减少而使整个计划在规模上缩减。

第九，执行方案。在执行方案期间，老年社会工作者需要监管整个运作程序，以免服务执行偏离轨道。更为重要的是，要从实际工作中了解和学习应付某些执行上的问题。事实上，在方案执行过程中，经常会因为对问题了解的加深而需要部分修改原来的目标和策略，所以方案也不是一成不变的。策划者和执行者之间的沟通是促使方案成功的重要因素。若在执行方案时出现问题，则较多集中在人事和管理方面。

第十，评估结果。评估和总结的工作并不一定要等到计划执行结束后才进行，事实上评估设计也是策划的部分工作。评估和总结工作的主要环节包括：确定评估的目标、指标、需要收集的资料、量度表现的方法等。此外，评估工作也需要分析计划在落实过程中的运作状况、达到目标的程度及其可能产生的副作用。

（三）老年社区照顾模式

1. 老年社区照顾模式含义

老年社区照顾模式是指社区中各方成员组成的非正式网络与各种正式社会服务系统相配合，在社区内为老年人提供服务与支持，促成其过上正常的生活，加强其在社区内的生活能力，达到与社区融合，并建立一个具有关怀性的社区的过程。其中社区照顾的非正式网络一般由家人、亲戚、朋友、邻居和志愿者组成；正式的社会服务系统一般是指医院、养老机构、精神障碍照顾机构、残障康复机构等政府、非营利机构，也包括少量的营利机构。

2. 老年社区照顾模式的特点

第一，协助老年人正常地融入社区。从老年社区照顾的定义中可以看出，老年社区照顾的任务目标是为老年人提供照顾和支援，协助他们在社区中过上正常生活。社区照顾模式认为老年人所生活的社区是其正常的生活环境，这里有他们熟悉的人群，他们有同社区中的人进行交往的机会，也有进行正常社会生活的条件，这对老年人生活质量的提升十分有利。虽然社区照顾并不排斥在某些情况下老年人需要进入福利机构，但其目标是协助老年人正常融入社区，让他们可以选择自主的生活方式和社交网络。

第二，强调社区责任。社区照顾的发展是福利国家制度体系下一种服务方式的改变，通过服务资源与权力的下放，改变过去以政府为主提供资源和服务的状况，强调政府、非营利机构、营利机构、志愿组织、社区、家庭及个人共同分担责任，目的是更及时回应社区有需要人群的问题与需求，提供更有品质的服务。在社区中，由社区各类组织和普通居民通力合作为有需要的老年人提供照顾，与此同时也可以塑造关怀社区，改善和提升社区老年人的生活质量。

第三，强调非正规照顾的作用。与由政府和福利机构提供的照顾被称为正规照顾（或正式照顾）相对应的是由家庭、亲朋、邻居和志愿者提供的照顾，称之为非正规照顾。老年社区照顾模式认为，社区内存在着许多人际关系网络，这些关系网络对社区老年人的生活有很大的影响，它可以为老年人提供重要的精神、物质和服务方面的支援。老年社区照顾十分重视动员家庭、亲朋、邻居、志愿者等与老年人有关的非正规照顾系统，鼓励他们参与并提供帮助，建立有效的照顾网络，与正规的社会服务一起，支援和协助老年人解决困难。

第四，提倡建立相互关怀的社区。社区是建立社会关怀的重要平台。老年社区照顾模式强调动员社区居民参与社区照顾服务，建立社区居民与社区老人之间的互助互爱关系，以抗衡老年人在生活中感受到的疏离和孤独。从社区照顾的定义中可以看出，社区照顾的过程目标是要建立一个具有关怀性的社区，这也是社区照顾的理想和所追求的终极目标。因此，老年社区照顾强调：一方面，政府要协助每个社区推动社区居民参与为老服务的志愿服务工作，帮助和关怀老年人；另一方面，社区中正式的社会服务机构也要为老年人将社区内疏离和松散的网络有效地连接起来，让那些原来接受服务的老年人可以参与社区活动，帮助他人，发挥潜能。

3. 老年社区照顾模式的实施策略

第一，“在社区照顾”。“在社区照顾”是指将老年人放在社区内而开展的服务，即指有需要及依赖外来照顾的老年人，在社区的小型服务机构或住所中获得专业人员的照顾。“在社区照顾”的核心是强调服务的“非机构化”，将老年人放回社区内进行照顾，使他们在熟悉的社区环境中生活，协助他们融入社区生活。“在社区照顾”的服务形式有多种：一是将老年人迁回他们熟悉的社区中的家庭里生活，并辅以社区支援性服务，如家务助理、社区护士及日间照料中心等；二是将大型机构改造为更接近社区的小型机构，如小型敬老院、老人照护所等；三是将远离市区的大型机构迁回社区内，使老年人有机会接触社区，方便亲友探访见面。

第二，“由社区照顾”。“由社区照顾”是指由家庭、亲友、邻里、志愿者等所提供的照顾和服务。“由社区照顾”的核心是强调动员社区内的资源，发动社区内的亲戚、朋友和居民协助为老年人提供照顾。“由社区照顾”的重点是积极协助老年人在社区中重新建立支持网络。这些支持网络大致可以分为三类。

第一类是提供直接服务的网络。这类服务较多是以地域社区为基础，在同一社区内动员亲人、邻居、志愿者或居民组织开展多样性的服务，关怀社区内老年人，并逐步建立一个支援系统。

第二类是服务对象自助网络。指建立以老年人为核心成员的互助小组，帮助他们以“助人自助”的理念，分享经验、提升自信、提供建议等，形成互相支持。

第三类是社区紧急支援网络。这是为帮助老年人个人及家庭预防突发事故或危机而建立的支持网络，例如，独居老人的电铃呼叫系统等。老年人社区紧急支援中心，由居民委员会与邻里、公安派出所与街道办事处、社区中心或社会服务机构以及转区单位共同组成，通过电话、网络热线、紧急支援服务网络，努力为老年人提供及时的帮助和支援。

第三，“对社区照顾”。英国学者沃克（A.Walker）在对社区照顾进行系统划分时提出，除了“在社区照顾”和“由社区照顾”外，还应包括“对社区照顾”（Care for the Community）。他认为要成功地进行社区照顾，单靠社区及家人的力量是不够的，为了不使这些照顾者被“耗尽”，还需要充足的支援性社区服务辅助措施才能使社区照顾持续下去。这些社区服务包括日间医院、日间护理中心、家务助理、康复护士、多元化的老人社区服务中心、暂托服务、关怀访问及定期的电话慰问等。只有提供足够的这类服务，才能辅助社区居民和家庭把需要照顾的老年人留在社区里生活。

第四，整合式社区照顾。建立社会支持网络，将正式照顾和非正式照顾相结合，形成对老年人的社会支持网络，社区照顾才能得以顺利实施。老年人的社会支持网络指的是老年人与其他个人、组织和机构之间的直接联系，通过这些联系，老年人获得情绪、物质、服务、信息等方面的支持。老年人拥有的社会支持网络越强大，就越能够更好地应对各种来自环境的挑战。而社会支持网络的强大与否取决于两个维度：一是社会支持网络的广度，即网络中的个人、组织和机构的数量多少；二是社会支持网络的强度，即网络中的这些个人、组织和机构所能提供的社会支持功能的程度。社区照顾的对象往往社会支持网络薄弱，社会工作者应致力于通过开发整合正式照顾和非正式照顾的资源，帮助他们增强社会支持网络。

非正式照顾通常是由服务对象的家人、朋友、邻居来承担的，社会工作者应与老年人现有的个人网络中的成员接触，尽量动员这些成员提供支持，商议解决问题的办法。当老年人所拥有的个人网络太小或不能提供足够的支持时，社会工作者应为其发展新的非正式照顾资源，如寻找、培训并分派志愿者为其提供较为长期的服务，推动邻居在危急时提供临时性的、非长期的协助，组织情况相似的老年人成立互助小组。

正式照顾的提供方包括政府部门、非营利的社会组织和市场上的营利性机构，正式照顾的对象包括老年人及其照顾者。为老年人提供的正式照顾主要包括家政服务、送餐服务等日常生活照顾，护理、康复等医疗照顾，心理辅导、电话慰问等精神支持；为老年人的照顾者提供的正式照顾主要包括一些“对社区照顾”的支援性服务，以帮助老年人的照顾者获得暂时休息并缓解长期照顾带来的焦虑和紧张感，如临时照顾服务、日间照顾服务、临时安置服务、照顾者的互助小组等。

二、老年社区活动策划的方法、步骤和技巧

（一）老年社区活动策划的基本方法

活动策划形成的前提是有明确的动机和目的，活动策划形成的基础是知识的积累，活动策划实现的关键是联想和假设，活动策划过程是有选择性与可变性的。要完成一个良好有效的社区活动策划，要求社会工作者具有前瞻性思考能力，对社区的基本情况、社区问题及社区需求有整体的把握，对社区发展的规律有一定的了解，掌握社区活动策划的基本方法。

1. 结合法

一是将社区活动策划与时下大环境相结合，策划的社区活动应符合我国基本国情，适应社会发展规律。二是社会工作者将社区活动与各类节日相结合。我国的节日丰富多彩，种类繁多，将节日庆贺与社区工作策划相结合，是使社区中的老年人群了解社会工作和开展社区活动的重要切入口。三是将社区活动策划与各类主题活

动相结合，如“九九重阳节爱老护老日”“肺结核宣传日”等，利用主题活动的形式开展社区活动。

2. 迁移法

迁移法指将当下流行的各种元素迁移到社区工作策划中，当今社会发展迅速，新鲜事物层出不穷，特别是随着科技的发展，出现了很多新鲜的宣传方式。社会工作者在社区活动策划中，既要积极利用新颖的宣传方式，又要将新鲜事物融入活动中，吸引更多居民参与，这样，所达到的改变的目的也更加明显。

3. 举一反三法

城市是由若干个社区组成的，每个社区之间既有不同又有相同。有些地理位置相近的社区风俗文化、社区精神都有相似，在相似的情况下，社会工作者可以根据其他社区的活动来举一反三地进行策划。但是使用此种办法时，要注意不可能有完全相同的两个社区，切忌完全照搬，而是要结合本社区实际情况进行。

（二）老年社区活动策划的基本流程

社区活动是有计划、有系统并且有着自身固有的规律性的群体活动。而群体活动是一个十分庞杂的系统工程，特大型、大型社区活动甚至会包括上百个细小事项，小型的社区活动策划也由几十个细小事项构成。因此，社区活动的策划者必须预先制定一个科学合理的活动流程规划表，即社区活动策划实施的先后步骤，合理进行资源配置，这也是活动策划科学性的具体体现。

一般来讲，一次老年社区活动从策划到实施共分为五个阶段：前期调查研究—确定社区活动目标—设计社区活动方案—社区活动具体实施—社区活动评估。任何一次成功的老年社区活动都少不了这五个步骤。

1. 前期调查研究

没有调查就没有发言权，策划什么主题、何种类型的活动以及如何策划活动，都是制订有效的活动方案前必须综合考虑的内外部因素，因此要做好前期的调查研究工作。活动的整体策划是在科学的调查研究的基础上，找到切入点，制订方案，为组织机构决策提供科学依据。活动策划不是照章办事、人云亦云。只有在进行广泛深入的前期调研、了解和评估服务对象需求、充分掌握相关资料的基础上，才能确保活动目标的设定合乎实际、活动方案的设计合理可行，进而保证活动策划产生良好的效果。

我国有 56 个民族，各个民族的风俗习惯都不同，形成了各个民族别具特色的节日，例如泼水节、古尔邦节等。每个节日都有自己特定的时间、特定的意义。因此，社会工作者在进行活动策划时，绝对不能根据传统习惯、思维定式盲目策划，而应该进行仔细的前期调查。在前期调查研究中，主要工作有：

第一，了解和评估服务对象的需求。服务对象是活动的目标群体，确切了解、分析服务对象的需求，是制定活动目标的基础和依据。为了满足服务对象的需求，社会工作者需要针对其需求选择活动主题、设定活动目标，这样活动方案才能更合乎实际。由此具体开展的活动也就能够吸引社区老年人群最大限度地参与，并得到社区老年人群的理解与支持，继而推进活动目标的实现，社区老年人群需求的满足，进而实现良性循环。

值得注意的是，了解社区老年人群需求的途径可以是多方面的。除了直接向社区老年人了解外，还可以与社区老年人群有关的人接触，与此同时，社会工作者也可以凭自己的观察来获得信息。一般来讲，前期的调查研究主要是对目标群体与活动举办方的调查、评估，即回答“服务对象的需求是什么”“活动举办方的实力如何”的问题。

第二，收集活动相关资料。首先，收集与活动相关的直接资料（调查资料），如社区适合举办的活动、社区老年人是否方便参与社区活动等。其次，收集与活动相关的间接资料（二手资料）。一方面可以查阅社区档案、历史活动记录、各类报纸杂志、影音资料，及与政府、居委会、各类社会组织举办过的活动的相关内容资料；另一方面可以查阅政府相关部门的规章条例、数据资料等。

第三，分析社会工作者的实力。社会工作者在实践中所开展的社区活动必须量力而行，如果只追求活动策划方案本身的“完美”而忽略了社会工作者以及社工机构的实力，很大程度上会导致社区活动的失败。因此，对活动主办方的实力进行分析是不可或缺的一个环节。社会工作者实力的分析主要包括以下两个方面：

首先，社会工作机构和社会工作者的资金实力。社会工作机构是以社会工作者为主体，坚持“助人自助”宗旨，遵循社会工作专业伦理规范，综合运用社会工作专业知识、方法和技能，开展困难救助、矛盾调解、权益维护、心理疏导、行为矫治、关系调适等服务工作的非企业单位。社工机构是吸纳社会工作人才的重要载体，是有效整合社会工作服务资源的重要渠道，是开展社会工作专业服务的重要阵地。社会工作者是从事专业助人工作的人员，在社区中开展社区活动的资金主要来源于社工机构。如果社工机构在此项目上资金比较充足，财务状况良好，则有利于社会工作者同各方的合作，应对可能发生的风险。

其次，社会工作者的内外部支持能力。社区老年人的凝聚力和向心力，以及外部的支持都是促使社区活动策划成功的主要因素。

2. 确定社区活动目标

经过前期的调查研究，明确了服务对象的需求，社区工作者对自己的实力和社区的具体情况也有了足够的了解，接下来要做的是根据社区老年人的需求，选择活动主题、制定活动目标。作为社区活动设计方案的引子，确定活动目标是进行具体老年社区活动策划的重要步骤，它为整个活动的设计指明了方向。

第一，活动目标要具有明确性。所谓明确性就是要用具体的语言清楚地说明要达到的活动目标。很多活动策划不成功的重要原因之一就是目标定得不够明确，从活动方案设计时就出现偏差，在活动开展时就更加抓不住重点。活动目标分为总体目标和具体目标，要将总体目标细化、具体化。例如，活动目标为“增强社区老年人对社区的归属感”，这种描述就很不具体，因为社区居民社区归属感的增强有很多表现，如开始关心社区工作站、浏览社区宣传栏、有事向社区工作站求助、参与社区活动次数增多、为社区建设出谋划策等。在总体目标统领下，细化的活动目标设置要具体，这样策划者可以做到心中有数，针对具体的目标，设计相对应的活动。

第二，活动目标要有具体的衡量标准。如果制定的活动目标没有办法衡量，就无法判断这个活动目标能否实现。有时在活动策划和开展的过程中，策划者和执行者会有一些分歧，原因就在于没有一个定量的可以衡量的标准。但并不是所有的目标都可以衡量，有时也会有例外，一般来说，长远的、方向性的目标很难量化。

例如，社会工作机构想要“为机构所有的社会工作者安排进一步的专业培训”，“进一步”是一个既不明确也不容易衡量的概念，到底指什么？是不是只要参加了这个培训，不管效果如何，都可以叫作“进一步”？对此，社工机构可以更加准确地设定在什么时间完成相关培训，并且在这个培训课程结束后，学员的评分以 80 分为衡量指标，低于 80 分就认为效果不理想，高于 80 分就是所期待的结果。这样目标就变得可以衡量。目标的衡量标准遵循“能量化的量化，不能量化的质化”的原则，使活动策划者与评估者有一个统一的、标准的、清晰的可度量的标准，杜绝在目标设置中使用概念模糊、无法衡量的描述语。对于目标的可衡量性应该首先从数量、质量、成本、时间、上级或服务对象的满意程度五个方面来进行设置，如果仍不能进行衡量，可考虑将目标细化，细化成分目标后再从以上五个方面衡量，如果仍不能衡量，还可以将实现目标的工作进行流程化，通过流程化使目标可衡量。

第三，活动目标要具有可接受性。所谓可接受性是指活动目标是要能够被活动的目标群体、活动实施者所接受的。如果社会工作者只是一厢情愿地进行活动设计，不考虑服务对象的需求、活动操作的可行性、督导对活动策划的建议，可能最直接的后果就是参与活动的人数极少，活动开展失败，活动目的无法达到。浪费了大量的人力、物力和财力，却无法满足服务对象的需求，甚至会让社区居民对社会工作机构失去信任、上级和团队中活动实施者对团队失去信心，更甚者会影响组织机构以后活动的开展。因而，目标的设置要结合前期调研中服务对象的需求，要坚持成员参与、上下左右沟通，使拟定的工作目标在社会工作机构与社区老年人、社区工作者以及志愿者之间达成一致，既要使活动内容丰富多彩，又要让大家都可以接受。

第四，活动目标要有可行性、可操作性。活动目标的可行性是指在现实条件下活动是否可行、可操作。可能有两种情形：一方面社会工作者过于乐观地估计了当前形势，错误地估计了达到目标所需要的条件，以致制定了一个高于实际情况的目标，这些条件包括人力资源、硬件条件、技术条件、团队环境因素、活动实施者组织管理能力、目标群体参与度等；另一方面，可能在花了大量的时间、资源，甚至人力成本后，实现所设定的目标并没有多大意义。

例如，社会工作机构在端午节之际，面向老年人居多的社区举办社区居民包粽子活动，那么问题又来了：老年人行动方便不方便？喜不喜欢包粽子？应该安排什么人教他们包粽子？端午放假期间老年人是不是更倾向于和家人外出游玩？如果事先没有考虑到这些因素，就有可能导致包粽子活动参与人数不多、参与者在活动中表现不积极，进而影响活动目标的实现，达不到预期的活动策划效果。活动目标的实际性要求制定活动目标得到活动整个过程参与者的通力配合，各个阶段的成员都要参与活动目标的制定。社会工作者在策划社区活动时既要统筹地制定工作目标，也要动员社区居民参与目标的制定，还要综合考虑各方面的因素。

第五，活动目标要有时限性。活动目标的时限性是指目标是有时间限制的。没有时间限制的活动目标没有办法评估，或会带来评估的不公。目标设置要有时间限制，根据活动内容、活动形式，拟定出实现目标所需的具体时间要求，把控活动进度，根据活动的进展状况作出适时的调整，同时还要做好应对突发情况的准备。

3. 设计社区活动方案

社区活动方案设计是活动策划的重要环节之一，是根据前期调研结果、已经确定的活动主题以及明确的活动目标，尤其是根据细化的、具体的并且符合社区需求和社区现状的活动目标，设计出相应的社区活动内容。社区活动方案要体现社区活动主题与活动目标，同时还要具备一定的创新性，能够最大限度地吸引社区老年人的参与，使得社区居民在活动中感到舒适、产生感情共鸣等，从而达到社会工作者的服务目的。

首先是寻找社区活动设计的路径。活动设计路径的寻找一般从以下三个方面入手：

一是从现有知识、收集的资料中获得。相关的社区调查有利于社会工作者对整个社区活动策划形成一个理论上的先导性认识，甚至形成初步的设计方案。比如，通过调研发现社区老年人生活单调乏味，缺乏社会支持，需要关爱和问候，决定策划以“丰富社区老年人生活，扩大他们的交际圈，扩充社会支持”为目标的活动。通过资料查询、信息收集，可以进一步了解到老年群体的特点、老年阶段最突出的需求、策划老年群体活动的注意事项等，以此可以为活动内容的安排提供参考，在进行活动方案设计时可以选择定期上门探访，举行生日会、联谊会、茶话会等活动，避免出现“老年人运动会”这类不太符合老年群体实际的活动形式。

二是从国内外已有的经典案例中寻找灵感。针对老年人群体的活动方案多种多样，国内外社区活动策划有很多是可以借鉴的，社会工作者可以分析、总结已有的社区活动方案，结合所服务的社区的实际，进行筛选，从经典案例中获取宝贵经验。

三是从其他机构或跨界领域中产生新点子。社会工作本身就是集多种学科知识于一体的综合性学科，社区活动策划的形成更是要求发散思维，集思广益。因而，针对某一领域专门的社区活动策划，不能闭门造车，要善于从其他机构或者其他领域中获取有效信息。

其次是形成活动创意。社区活动创意是社会工作者对活动的总体构想，包括社区活动的定位、规划、组织机构、时间、地点、主题、框架、内容等，好的社区活动创意可以为活动设计润色。创意是将初级层次的想法经过整理、筛选进而形成有结构层次的可能实现的构想。在各种策划路径基础上形成的策划创意是一个再创造的过程，是对已知信息进行增减，进行重点重塑，并改变若干切入点，加上新的灵感或新的思想。同时，策划创意要考虑到前期调研的实际情况、围绕活动目标展开，避免“文不对题”，才有可能获得成功。

再次是选择最优方案。策划人员要从若干个具有可行性的操作方案中，选择出最优方案。值得强调的是，最优方案需要具备两大特点：一是可行性。最优方案必须建立在实际操作的基础上，可行性是最优方案的基础与前提。二是创意性。

好的活动方案往往蕴含一定的创意性，有别出心裁的设计，并且这种活动设计有助于活动效果的最大化实现。

最后是使社区活动方案具体化。社区活动方案具体化是活动策划中最重要的一步，也是整个老年社区活动策划过程中最困难、最有意义的环节。社区活动方案具体化，主要是明确以下内容：活动目标、实现活动目标所需要的条件和资源、活动策略、活动形式、活动内容、人员与经费、活动策划方案的实施、活动策划方案的现场管理、媒体发布以及活动策划方案的评估等。

在社区活动策划方案具体化的过程中，其可行性问题会更加明显地凸显出来。任何一个活动策划方案都会受到人力、财力、时间等因素的限制。在制订活动方案时，须重视上层主管意见，如果领导对于整个方案的信心不足，那么活动方案实施起来将困难重重。

同时要注意各部门之间的分工、协调与配合，策划方案如果得不到相关部门的支持与认同，在实际执行时，往往会被人牵制、时时受阻。因此，策划方案必须与有关部门沟通协调，取得各个部门的认可，得到各个部门的全力支持。在这个过程中还要注意各部门资源的整合，进行合理的资源链接，这样才会取得事半功倍的效果。

4. 社区活动具体实施

活动的具体实施是将活动方案付诸实践的过程，集聚了前期调研、目标设定、方案设计等一系列活动准备过程中全部的精华，凝聚了整个活动团队的心血与努力。活动实施成功与否将直接关系到服务对象需求能否得到满足，活动策划的效果好坏。因而，实施活动方案要注意时间性。各项任务何时开始，何时结束，都要有相应的准备时间。

此外，有时候决策层不断有新的指示，活动方案需要不断进行修改。频繁修改策划方案将会使方案无法确定，实施时间更是遥遥无期，最终导致策划失败。因此，活动创意、活动方案的实施不能无限期地拖延。每一步骤的开始与结束均要有时间限定，只有这样才能保证策划方案实施有效、按时、保质。

同时，也需要注意到，活动实施虽然是按照活动方案进行的，但并不意味着一板一眼地照章办事。活动实施过程要注重灵活性，尤其要沉着面对突发情况，并及时采取应对措施。

表 2.9 工作进度表样例

子目标	内容	时间	主要开展的工作 / 服务活动	负责人员
项目宣传	“诞生”——社区老人节（一次）	2022.12.15	1. 老年歌舞团才艺展演 2. 社区情况以及服务介绍	
开展社区活动，构建社区历史，营造社区文化	人生百味	2021.1—2021.6	组织故事会、家乡才艺展，制作家乡点心和家乡菜，开办家乡风俗节，制作社区菜谱、社区风俗志、才艺纪录片等	
讨论社区议题，实现居民自治	新入住老人家庭慰问	2021.1—2021.6	对新住户家庭进行慰问，加深其对社区周边的了解，提升新入住老人的社区融入感，增强社区凝聚力	
	区域老人服务	2021.1—2021.6	1. 独居老人入户访视，定期看望独居老人 2. 保洁服务，链接社区和社会资源，满足行动不便的老人的日常清洁需求 3. 接送孩子服务，通过楼组互助、楼道中的老人轮流接送等形式，帮助随迁入城带孩子的老年人接送孩子	

5. 社区活动评估

活动评估是指运用科学的研究方法和技术对活动环境、活动内容及活动效果进行系统的评价，总结整个活动策划过程，考察活动是否有效、是否达到了预期目的与目标的过程。活动实际执行过程中，评估是一个常常被忽视的环节，也因此常使活动面临意料之外的困境。通过评估可以考察活动效果、服务对象需求满足情况及目标的实现程度。活动的测评可以使所有参与人员从中吸取相关经验和知识，并提高今后活动的策划组织能力，为策划人员改进策划水平和服务，打造活动策划品牌提供依据。对于没有参加活动策划的人员，这是难得的学习机会，可以为其将来的发展提供经验。

第一，活动评估的类型。活动评估从类型上可以分为过程评估和结果评估。

过程评估是整个活动策划过程的监测，包括前期调研、目标设定、方案设计以及活动的实施过程的评估，它是对活动策划过程的每一步骤、每一个阶段分别作出评估，关心的重点是活动策划的各种步骤和程序怎样促成了最终的活动结果，方法是了解和描述活动策划的内容，回答这一过程中发生了什么，以及为什么发生。活动结束后，活动的主办方应该对组织的活动进行结果评估，以了解整体情况。结果评估是活动整体运作管理中的一个重要环节。通过结果评估，可以判断该活动的整体效益如何，存在哪些问题，应该如何加以改进，或者决定类似的活动是否仍有必要继续进行。无论是对于该活动的主办方、承办方，还是对于参与活动的老年人乃至活动举办地的一般观众而言，结果评估都有着重要的意义。

第二，活动评估的方法。活动评估是一个系统收集资料以及对活动策划过程和结果进行判断和审视的过程。

首先，收集评估资料的方法大致包括三种手段：一是利用档案记录进行评估；二是收集服务对象对活动过程和结果的意见与看法；三是使用调查方法，收集活动效果的数据和事实资料。

其次，活动评估的主要方法是基线测量评估。基线测量评估是指在活动开始之前对服务对象的状况进行测量，建立一个基线作为对活动效果进行衡量的标准基线，以评估活动前后的变化，判断活动目标实现的程度。基线测量方法可以应用于对个人、家庭、小组或社区活动的评估，通过对服务对象活动前、活动中、活动后的观察和研究，比较服务提供前后发生的变化。

第三，评估报告。评估报告包括对活动内容、形式、时间、地点、目标达到情况、服务对象满意度等的评估内容与结果。

【任务导入】

一年一度的重阳节就要到了，本社区是个典型的老年型社区，为了更好地为老年人开展重阳节活动，需要对老人的问题、需求以及社区资源进行分析，如果你是社区工作者，你将如何进行这项工作？

【任务分析】

一、分析

1. 需求评估：案例中老年人有什么问题和需求，社区资源能契合哪些需求的满足？

2. 方案设计：依据哪些社会工作理论开展活动的设计，活动总目标和分目标如何设定？

二、发现问题和需求

1. 服务对象面临的问题：如社区老年人参与活动身体方便情况等。

2. 服务对象的需求：服务对象需要得到怎样的服务。

三、主要训练目标

1. 能够对社区居民需求、资源等进行全面分析，并形成需求评估报告。

2. 能够根据需求分析，策划与组织社区活动。

【任务实施】

一、操作流程图

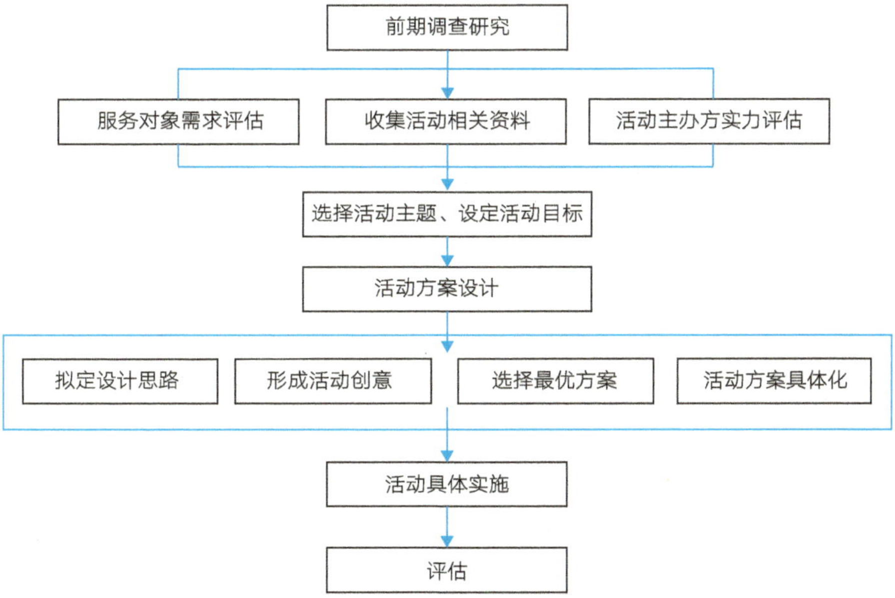

图 2.6　老年社区活动策划流程图

二、操作注意事项

1. 前期需求调查阶段需要注意调查方法，尽量采用座谈、问卷、访谈等多种方式进行。

2. 形成活动创意需要大量查阅资料，结合当地地方特色、人文历史等背景进行思考和创造性设计。

【任务工单】

表2.10 老年社区活动策划任务工单

<table>
<tr><td>任务名称</td><td>策划所在社区重阳节“爱老敬老”社区活动</td><td>学时</td><td></td><td>培训对象</td><td></td></tr>
<tr><td>学生姓名</td><td></td><td>联系电话</td><td></td><td>任务成绩</td><td></td></tr>
<tr><td>任务设备</td><td></td><td>操作时间</td><td></td><td>操作地点</td><td></td></tr>
<tr><td>任务目的</td><td colspan="5">1. 掌握老年社区活动前期调研方法
2. 能够撰写老年社区活动方案
3. 掌握老年社区活动评估方法</td></tr>
<tr><td rowspan="4">任务实施</td><td>准备</td><td colspan="4">1.
2.
3.</td></tr>
<tr><td>实施流程</td><td colspan="4">1.
2.
3.
4.
5.
6.
7.</td></tr>
<tr><td>实施总结</td><td colspan="4">1.
2.</td></tr>
<tr><td>实施评价</td><td colspan="4"></td></tr>
<tr><td>教师评价</td><td colspan="5"></td></tr>
</table>

【思考实践】

A 社区，老年人总计 1357 人，经调查研究发现，A 社区内 60% 以上的老年人之间关系冷漠，且都来自不一样的家庭；70% 左右的老年人因子女关爱减少，心理问题与障碍较为突出，需要通过专业方法进行疏导，改善精神状况；40% 左右为残障老人，生活质量相对较差；90% 的老年人休闲娱乐方式单一。

1. 请列举本案例中老年人面临的主要问题是什么？

2. 面对老年人多项服务需求，如何根据问题和需求策划一场社区活动？

3

模块三　实务技巧

老年人因经历了空巢期、各种各样的生活事件以及家庭中的角色转换等，性格特征有着巨大的差异，大多数的老年人性格温和，易于交往，但有些老年人性格古怪，难以与之沟通及交流，还有些老年人有悲观厌世的心理。因此，首先要了解老年人的性格特征，采取有效的沟通技巧，增进对老年人的理解，以满足老年人心理需求为目标，进行全面的沟通，以取得更好的沟通效果。

【任务目标】

知识目标

1. 掌握与老年人面谈沟通技巧。
2. 掌握社区为老服务中的社会工作实务技巧。
3. 掌握机构养老服务中的社会工作实务技巧。

能力目标

1. 能根据不同的案例背景选择恰当的面谈沟通技巧。
2. 能运用社会工作实务技巧为社区老人开展服务。
3. 能运用社会工作实务技巧为机构老人开展服务。

素质目标

1. 能在面谈中和服务对象建立良好的关系。
2. 能够在开展服务中遵循尊重、接纳、民主、平等的服务原则。
3. 能够遵守服务中的保密原则。

思政目标

1. 具备尊老爱老敬老的情怀。
2. 具备爱岗、敬业、诚信、友善的社会主义核心价值观。

任务一　与老年人面谈沟通常用实务技巧

【知识详解】

一、与老年人面谈沟通中的基本要求

社会工作实务的通用过程包括：接案、预估、计划、介入、评估和结案。其中，面谈是接案阶段的一项重要工作，是社会工作者与服务对象面对面地讨论问题以确定是否建立专业协助关系的过程，同时也是一种有意识、有目标的人际互动。当然，在后续的工作中，也会有与服务对象面谈沟通的机会。有效地与服务对象面谈沟通，是社会工作者应当具备的重要技能。

此外，根据语言运用的对象性，在用语言服务于人时，除了应当满足社会工作实务通用过程的面谈沟通要求之外，还应当针对服务对象即老年人的生理与心理特点，开展有效的面谈沟通。社会工作者在面向老年人开展面谈沟通时，应当把握以下要求。

（一）轻松自然，建立信任

随着年龄的增大，老年人在生理和心理上都发生着各种变化。生理上的衰退和因退出主流视线而产生的心理上的弱势感，使老年人更加渴望被尊重和理解，更加看重周围的人在言行举止上对他们表现出的情感和重视。要想让老年人打开心灵之门，作为社会工作者首先要和老年人建立良好的互动及信任关系。建立良好的互动及信任关系有很多技巧，这里首先要做到满足老年人安全和尊重的需要，主要包括：

第一，在轻松自然的环境中交流。包括面谈场所和面谈时间的安排。面谈时间要考虑到老年人的生理、心理特点，选在老年人感觉比较舒适的时间，同时面谈时

间不宜过长。面谈地点要安排在老年人熟悉放松的环境，不要让老年人感到很大的压力。

第二，无条件接纳和积极关注。所谓无条件接纳和积极关注，指的是在尊重、真诚的基础上，无论服务对象的品质、情感和行为如何，对其不加价值评判、不戴有色眼镜，以开放性的姿态接纳对方，尽量给服务对象营造一个安全、尊重、温暖的心理氛围，并对其言行的积极方面给予及时关注，让服务对象觉得自己是一个独立、有价值的个体，拥有改变自己的内在动力。在社会工作中，接纳和积极关注不仅有利于建立良好的沟通关系，同时，也有利于提升工作效果。

第三，掌握文明用语。一是使用礼貌的接待用语。使用礼貌的接待用语，不仅会给服务对象留下良好的第一印象，同时，也能够让老年人放下强烈的心理防御，减轻不安和猜疑，从而为后续服务的开展创造良好的氛围。包括使用得体自然的称呼和使用恰当合宜的敬语。人际交往中，特别是与陌生人打交道的时候，人们对于别人怎么称呼自己都表现得非常在意。准确而妥帖的称呼可以表达对被称呼者的尊重和友好，而不恰当的称呼则令人心生不快，影响人际交往。作为专业的社会工作者，更要注意这一礼节。首先，要掌握对老年人的习惯称呼。比如，“老人家”“老先生”等冠以“老”字头的叫法，就让人油然而生一种尊重之感。在非正式场合，称呼“叔叔”“阿姨”“大叔”“大妈”等可以迅速拉近与服务对象的距离。其次，称呼要因人而定。比如，有的老年人严谨认真，有一定的名望，这就需要通过称呼体现出对对方的敬意。与其交往时，应用敬称称呼对方，如称呼“张教授”“李老师”等。而有的老年人注重保养，心态年轻，可能会不喜欢“爷爷”或“奶奶”之类的称呼，就可以根据他（她）的习惯来调整称呼。二是自觉使用文明礼貌用语。在工作中自觉使用文明礼貌用语是老年社会工作者的工作规范和要求。根据使用的不同场合和目的，常用的文明礼貌用语可分为问候语、迎送语、请托语、致谢语、询问语、应答语、夸赞语、祝贺语、推托语、致歉语 10 种类型，社会工作者要使用适合老年人的文明礼貌用语。比如，使用常用的问候语“您好”“阿姨您好”，或者“叔叔早上好”等。当需要询问服务对象的需求和感受时，使用常用的询问语，如：“您需要什么”“您觉得这样好吗”或者“您要不要跟我一起去看一下”，等等。

第四，注意非言语信息，举止得体。面谈沟通中，除了言语信息外，社会工作者的非言语信息也十分重要。非语言信息可以分为两大类：一类是无声性的身体语言沟通，包括动态无声性的眼神、表情动作、手势与身体运动等，以及静态无声性的身体姿态、空间距离和服装服饰等；另一类是非语言的声音，比如重音、语音语调的变化、哭声、笑声、停顿等，这类非语言称为副语言。比如，老年社会工作者的服务对象是老年群体，在着装方面应当注意符合整洁、得体、大方的要求。老年社会工作者在与老年人面谈沟通时，可身体微微前倾，既体现出社会工作者的精神风貌，也体现出对服务对象的尊重。面谈时，还要注意双方的空间距离。每个人需要跟他人保持一定的距离，来维护心理上的独立、隐私、安全感的需要，如果他人不恰当地闯入，就会引发情绪上的不安，心理上的防御。因而，本着彼此适宜的原则，面谈时应保持正常的社交距离，以 1 米左右为宜，合适的空间距离有助于信任关系的建立，以及后续工作的顺利进行。此外，社会工作者的眼神的表现也很重要，眼睛是心灵的窗户，倘若社会工作者口中说“我很尊重你，关心你的痛苦”，而眼睛却东张西望，游离不定，服务对象就无法感受到社会工作者的尊重和关心。当然，眼睛也不能一直盯着对方，这会使服务对象感到不自在。举止得体需要老年社会工作者平时有意识注意，多加训练。

（二）清楚简明，通俗易懂

鉴于老年人的生理和心理特点，在面谈沟通时，社会工作者说话时可把音量适当放大。同时，社会工作者的语速应放慢，方便老年人清楚地接收信息。

在说话的文字上，要充分考虑服务对象的文化层次、日常生活环境等，尽量使用平实生活化的语言，简明清晰地表达意思，方便老年人理解。必要时，还可以配合非语言交流方式或实物演示，方便老年人更好地理解内容。总而言之，面谈内容要让老年人“愿意听”“听得懂”。

（三）注意禁忌，把握尺度

在面谈沟通中，基于老年人的身心特点，专业的老年社会工作者应当充分了解老年人的禁忌，注意保护服务对象的隐私，把握好谈话内容尺度。如果触犯了服务对象的禁忌，服务工作很有可能陷入僵局，甚至会给服务对象造成较大伤害。其中，老年人的主要禁忌有：称谓上，忌讳被称作“老头儿”“老太婆”；内容上，忌讳谈论“死亡”话题，忌讳听到“您年纪大了，身体又不好，哪里管得到这么多，能管好自己就不错了”之类的话语，忌讳别人否定他们过去的经历。此外，社会工作者要避免主动与服务对象谈论家庭纷争与矛盾等。最重要的是要根据了解到的服务对象的具体情况来把握谈话内容的尺度。面谈沟通是社会工作实务第一阶段的工作，社会工作者还未与服务对象建立深入的信任关系，因此，在该阶段把握好谈话的内容尺度是非常重要的。

（四）明确任务，适时引导

要明确面谈沟通的主要任务，围绕任务目标有的放矢开展沟通。比如在接案阶段的面谈沟通，其主要任务包括：澄清角色期望和义务，激励服务对象并促进服务对象进入角色，促进和诱导服务对象的改变。

当然，界定服务对象的需要和问题也是首先要考虑的。因此，在面谈中，社会工作者应当要了解服务对象寻求帮助的原因，服务对象对自己的看法，以及服务对象期望达到的目的。界定问题是社会工作者与服务对象不断沟通信息的一个过程，是一个持续的过程。面谈初期，服务对象与社会工作者对问题的看法可能并不一致，需要双方经过一系列的讨论、磋商来形成对问题的共同看法。问题清楚了，才能形成具体的工作目标，而这些是社会工作的重要起点。

通常，老年人对社会工作者并不太了解，有的老年人可能会把社会工作者看成是无所不能的，对其给予过高的期望，而有的老年人可能会认为社会工作者没什么用，采取消极对待，这些都会影响后续工作的开展。因此，作为社会工作者，在面谈沟通时必须要澄清双方的角色期望和应尽的责任。如果不将期望和责任明确，有关双方可能会在工作一段时间后发现各自对问题和对方有着不同期望，重则会伤及双方的专业关系，轻则使工作陷入僵局，而不得不从头开始。同时，接案面谈是社会工作者与服务对象建立专业关系的开始，社会工作者要帮助并引导服务对象逐渐接受自己的角色，以便双方能够相互配合。这包括两个方面：一是进行角色引导，二是进行角色训练并帮助服务对象接受其角色。进行角色训练的方法包括展示助人过程，详细说明服务对象应有的适当行为。也可以通过观看录像，直接观察社会工作者为其他服务对象提供的服务，或者邀请以前的服务对象分享他们的受助经验等来帮助服务对象进入角色。

此外，社会工作者要通过面谈沟通，积极促进和引导服务对象态度和行为的改变。当社会工作者和服务对象为改变态度和行为进行的努力出现效果时，服务对象解决问题的动机也会得到强化，而一个人解决问题的动机也会进一步激励其作出不懈的努力，这就增强了服务对象为解决问题而采取行动的自觉性。

二、老年人面谈沟通中的实施要点

（一）面谈沟通前做好预约与准备工作

作为面谈的发起者，社会工作者必须做好预约及准备工作。了解对方的面谈时间、做好面谈提纲等，是成功面谈的开始。不管是多熟悉的服务对象，都要提前做好预约及准备工作，以表示对服务对象的尊重，也方便自身工作的开展，达到本次探访的目标，利己及人。此外，提前预约还可以让对方有充分的时间准备面谈的内容和细节，也可以让自己审视自己的准备情况，然后开展有准备的对话。

面谈的时间和地点应征询服务对象的意见，充分考虑服务对象的需要，使其感到被重视和被尊重。一般来说，在时间安排上，要配合老年人的时间。在地点安排上，也要考虑老年人的实际情况。对于行动方便的老年人，可以考虑在接案社会工作者的办公室或者机构的会谈室，以方便遇到问题时联络其他资源和得到相关部门的配合；但对于不能外出、行动不便的老年人，社会工作者要安排上门面谈；对于有特殊需要的老年人，要考虑无障碍设施等问题。

社会工作者要严格遵守约定时间，遇到意外事件不能准时到达时要电话通知服务对象或请机构帮忙进行适当安排。面谈进行前，社会工作者要将手机调至静音或关机，并知会同事或督导，在机构告示栏写明面谈时间和地点，保证面谈不被打扰。面谈时，社会工作者的衣着要得体大方，既不随便也不过分庄重。

（二）面谈过程中运用面谈技巧

在前面介绍面谈沟通中的基本要求有：轻松自然，建立信任；清楚简明，通俗易懂；注意禁忌，把握尺度；明确任务，适时引导。这些既是面谈沟通的基本要求，也是需要掌握的面谈技巧。此外，社会工作者还需要掌握以下面谈技巧：

第一，主动介绍自己。主动介绍自己在初次面谈中是一个非常重要的技巧。一般来说，当社会工作者接受有关人士的要求而介入服务对象的生活时，很多时候会引起对方的愤怒和焦虑。无论是对个人、家庭还是群体来说，与社会工作服务机构和社会工作者接触都意味着他们需要协助，这在一个非常看重面子的社会里不是一件容易的事情。有些老年人由于对社会工作不了解而存在较强的戒心，一直要到明白社会工作者协助的动机、社会工作者到底要干什么时，才能接受社会工作者的介入。因此，要消除服务对象的戒心和防卫，一个好办法就是社会工作者主动介绍自己，向他们说明协助的目的，主动介绍机构的目标、功能，以及自己的工作经验和专长、对求助受助的看法等，这些都会有助于消除服务对象的疑虑，使他们顺利进入受助者的角色。

第二，积极倾听。倾听是包括接案面谈在内的所有社会工作助人环节，特别是与服务对象互动的基本功，也是最基本的沟通技巧。倾听技巧的运用包括三个方面：一是倾听即是通过语言和非言语行为向对方传达一个信息——“我正在很有兴趣地听着你的叙述，尝试理解你”，因此倾听包括社会工作者通过身体传达的对服务对象的专注，以及从态度上传达的内心的专注。二是倾听最重要的是理解对方传达的内容和情感，不排斥，不歧视，把自己放在对方的位置上来思考，鼓励其宣泄，帮助其澄清自己的想法。因此，倾听需要设身处地地感受，不但要听懂对方通过言语、行为表达出来的东西，还要听出对方在交谈中省略的和没有表达出来的内容。三是倾听时不仅要“听”，还要有“参与”，即与服务对象互动，对服务对象的叙述给予适当的回应。回应可以是言语性的，也可以是非言语性的。例如用“噢”“是的”“然后呢”等鼓励对方继续说下去，或者点头配合目光的注视、微笑等，这些都能够鼓励求助者把会谈进行下去。

第三，情绪调节。这里的情绪调节包括三个方面：一是要时刻保持对服务对象的敏感性。社会工作是专门助人的职业，社会工作者在工作中经常要面对人们生活中的负面经验，这种职业特性很可能会使社会工作者对服务对象的故事失去敏感性，而不能抓住服务对象问题的关键点，可能会导致社会工作者有“服务对象问题大同小异”的先入为主的判断，从而使社会工作者失去感受服务对象问题特殊性的能力。作为社会工作者，必须要具有将社会工作的原则与价值操作化的能力。在接案阶段，社会工作者要特别警醒：每个服务对象和他们的问题与挑战都是不同的。所谓的“个别化原则”即是提醒社会工作者要怀着关切之情去听、去说、去与服务对象沟通，以了解他们的特殊性。二是接纳服务对象的情绪。中国人有困难时一般是首先向非正式的社会网络和助人系统求助，因为他们是服务对象生活中的“自己人”。而对于社会工作者这样一个“外人”，服务对象表示怀疑或者挑剔是一种正常和自然的态度反应。此时，社会工作者首先要说明来意并表达热诚帮助的意愿：“我明白你对我的到来感到突然，你们也不希望让外人介入你们的生活，但是，我知道你们为解决自己和家庭的问题付出了很多努力，也许我可以和你们一起找到一些更好的方法去克服困难。”三是社会工作者要调节好自身的情绪。有时候，由于服务对象的不理解或者防备等心理，可能会使面谈沟通不够顺利，与社会工作者原定计划相去甚远，社会工作者可能会感到被误解或者委屈，不过作为专业的助人者，社会工作者要做好心理准备，调控好自身情绪，特别是在服务对象是老年人的时候。可以在面谈结束后，向机构督导汇报，分析问题及原因，讨论解决方案，并可通过放松训练、音乐冥想等方式宣泄情绪，调整自己的状态。如果确实觉得自己无法胜任对某服务对象的工作，可以考虑转介给其他社会工作者。

第四，同理心回应。同理心回应也是社会工作服务中的一项重要技能，是每个社会工作者的一项基本功。在这里需注意的是同理心回应和同情是截然不同的。同情是把别人放到一个弱者的位置上，自己高高在上地去帮助对方；而同理心回应是设身处地地站在对方的立场上，感受对方的内心世界。作为一种态度，同理心回应表现为对他人的关切、接受、理解和尊重；作为一种能力，它表现为能充分理解别人的心事，并把这种理解以关切、温暖与尊重的方式表达出来。

此外，在与老年人的整个面谈沟通中，要多用肯定句，少用否定句；轻缓平和，推己及人，力求顺利完成谈话任务。

（三）面谈完成后做好收尾工作

与老年人面谈的时间不宜过长。与本次面谈主题相关的内容聊完后，懂得适可而止。社会工作者要反思自己本次面谈的目的是否已经达到，也顺便观察一下对方是否有结束会谈的意向。如若目的已达到，可向对方道谢，礼貌道别告辞。如有下次面谈机会，可与对方约定下次面谈时间。在面谈中，要注意：未弄清事情真相时，应坦言澄清，不可轻易回答；不随便答应对方任何超出能力范围外的要求；对于自己拿不准的事情，不要轻易作出承诺，可以当场委婉地告知需要回去和机构相关领导反馈讨论再答复。此外，回到机构后及时整理谈话记录，梳理要点，向机构领导或督导汇报，并拟订下一步工作方案，是面谈后继续要完成的任务。

【任务导入】

社会工作者和自己的同事可以一人扮社会工作者，一人扮老年人，进行角色扮演，之后互换角色。督导在旁边观摩指导，不断完善改进社会工作者的面谈沟通技巧。待面谈沟通训练达到一定程度后，可以尝试在养老机构或社区里选取一名比较支持社会工作的老年人，进行实际的面谈沟通训练。通过不断的训练、反思，不断提升面谈沟通技能。

【任务分析】

与老年人面谈沟通是老年社会工作实务的一项重要内容，也是老年社会工作者必须要掌握的一项技能。开展面谈沟通的步骤，可参照本任务第二大点的要求：做好面谈前、面谈中、面谈后的工作。

面谈沟通训练，可以先在机构同事之间演练，待比较熟练后，在养老机构或社区里与比较支持工作的老年人进行实际演练，最后再扩展到实际的服务对象中。遵循这样的过程，既是对服务对象负责，也是对社会工作者自身负责。

为了提高训练的针对性和实效性，在同事内部的面谈沟通训练中，如果时间足够，可以拆分成以下几个部分进行：

一是自我介绍训练，社会工作者与老年人初次见面时要主动进行自我介绍，需要事先准备好自我介绍的内容，反复演练，达到熟练。

二是倾听训练，通过与同事之间的角色扮演，做到积极倾听。

三是困境演练，扮演老人的同事模拟面谈沟通中可能遇到的刁难问题，如老年人向社会工作者提出一些不合理要求，扮演社会工作者的同事要在面谈中做好应对。

最后再串起来进行一次综合演练。

通过以上训练，并结合相互观摩、点评，做好面谈过程记录和面谈评估报告，不断反思总结，最终提升与老年人的面谈沟通能力。

【任务实施】

一、操作流程图

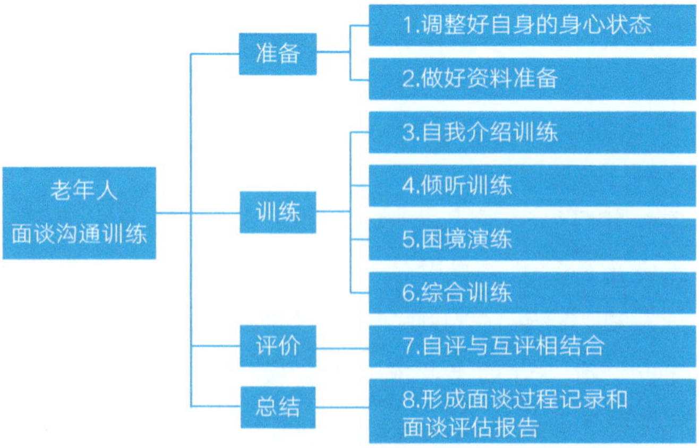

图 3.1　老年人面谈沟通流程图

二、操作注意事项

1. 注意随机应变，根据老年人的生理心理和社会特征采取恰当的面谈技巧，并需要把握面谈进程，目标明确，时间不宜过长。

2. 注意把握面谈要解决的重点问题，集中焦点，避免漫无边际地偏离目标，并形成面谈过程记录和面谈评估报告。

【任务工单】

表 3.1　与老年人面谈沟通训练任务工单

<table>
<tr><td>任务名称</td><td>与老年人面谈沟通训练</td><td>学时</td><td></td><td>培训对象</td><td></td></tr>
<tr><td>学生姓名</td><td></td><td>联系电话</td><td></td><td>任务成绩</td><td></td></tr>
<tr><td>任务设备</td><td></td><td>操作时间</td><td></td><td>操作地点</td><td></td></tr>
<tr><td>任务目的</td><td colspan="5">1. 掌握与老年人面谈沟通实施流程
2. 熟悉与老年人面谈沟通技巧
3. 能够灵活运用面谈沟通技巧解决焦点问题
4. 能够对面谈过程进行记录
5. 能够总结评估面谈效果</td></tr>
<tr><td rowspan="4">任务实施</td><td>准备</td><td colspan="4">1.
2.
3.
4.</td></tr>
<tr><td>训练</td><td colspan="4">1.
2.
3.</td></tr>
<tr><td>评价</td><td colspan="4">1.
2.
3.</td></tr>
<tr><td>总结</td><td colspan="4">1.
2.</td></tr>
<tr><td>教师评价</td><td colspan="5"></td></tr>
</table>

【思考实践】

1. 曹某，女，63 岁，退休前曾是某服装厂职工，工作主动认真，经常加班，性格开朗，喜欢与人交往。现在丧偶，并且由于职业病，右手无法正常行动，做事常常借助左手才能完成，为此，她渐渐觉得自己没有自理能力，常常一个人孤单地听戏曲，也不与儿孙说话。她的儿子和儿媳妇都非常着急，建议她再找老伴，她拒绝了。也问过她是否愿意去养老院居住，那里环境好，有人专门服务，她也拒绝。她常常一个人回忆往事，觉得自己从前在厂里上班，由于勤奋，被厂领导赏识，提拔为组长，颇感欣慰；但又由于自己没有文化，没有上升到更高的职位，心中充满遗憾。对于她的老伴，她常常抹眼泪，怪老伴离去太早，现在留下她一个人。围绕上述案例，两人进行角色扮演和面谈模拟并撰写过程记录和总结。

2. 结合实务经验，思考在和老年人的面谈过程中，需要注意哪些问题？

任务二　社区为老服务中的社会工作实务技巧

【知识详解】

一、社区为老服务典型案例和专业经验

近年来，各级党政部门对于发展社区养老服务业十分重视，着力完善政策法规，加强设施建设，创新服务模式，尽力将各类特殊老年群体纳入服务范围。民政部会同有关部门大力推进居家为基础、社区为依托、机构为补充、医养相结合的养老服务体系，正在全国范围内推广居家养老服务模式，政府支持、社会参与的多元服务供给格局正在形成。老年社会工作以其专业化、职业化以及研究型的独特优势嵌入我国社区养老服务领域，从而推动社区养老服务的优化升级，突破发展瓶颈。在老年社会工作者介入社区为老服务时，应首先对社区老年群体或个人状况进行信息收集、整理，然后对老年人的需求、社区资源、自身能力等多方面进行评估，选择适合本社区老人的行动模式，以及在服务结束时进行回溯评估，确保整个老年社会工作的介入过程是完整的、科学的。

项目名称：隔代亲子照顾者心理支持

1. 案主基本信息

个人信息：李某，女，62 岁，是 B 村水井湾人，与丈夫、孙子住在一起。

身体健康状况：案主是一位肢体残疾人，且患有骨质增生等慢性病，身体状况较差。

邻里关系：案主性格开朗，与周围邻居相处融洽；且家中有两台麻将机，平时有老年人相约到案主家中打麻将。

居住环境：案主的住房属于钢筋混凝土结构，家中仅配有冰箱、风扇等家具，线路安全，无老化等现象，据案主反馈，家里无电视、空调等电器。

家庭情况：在案主年轻时，经他人介绍与丈夫张某结婚，夫妻感情非常好，婚后育有一儿一女，女儿成家后，在超市上班，偶尔回家探望案主。儿子是一名货车司机，每月收入 3000 元左右，儿媳是一名工厂工人，月收入 2000 元，二人住在茶园公租房。由于工作繁忙，平时极少回家。孙子与案主及老伴生活在一起，孙子今年 7 岁，患有自闭症，不会表达自己，需要案主寸步不离地跟着他，周围的人也不接纳这个孩子（小朋友经常用拳头打其他的老年人）；家里针对孩子以后的成长和教育暂时没有系统性的规划，从而会因孩子的问题，引起一些分歧，加重案主的心理负担。

经济收入：目前两老的经济收入主要来源于一年仅 1000 多元的土地租金，案主每月有 100 多元的养老金，张爷爷当过兵，每月有 200 多元的生活补助；子女偶尔会寄钱回家。

兴趣爱好：做手工（丝网花）、打麻将。

2. 案主的主要问题或需求

教育问题：案主的孙子患有自闭症，而且孙子现已有 7 岁，上学是一个非常紧迫的问题，案主不知道把孩子送去哪儿读书。

情绪问题：在提及孩子以后的教育成长时，案主情绪有显著的波动——过度忧虑，导致案主整日忧心忡忡，对什么事都提不上精神，这对案主的生活造成了极大的负面影响。

隔代教育问题：社工在了解时发现，案主在教育孙子的时候和一般小朋友的教育方式一样，对此类特殊儿童的教育、沟通方法不当。

针对孙子个人身体情况，案主带孩子去医院检查过身体，也拿了很多药品，但没有什么效果；针对孩子去特教学校的事情，案主之前是有想法但没去了解过，加上大家看着其年纪比较小，没把这件事情放在心上，因为种种困难就耽搁了。

3. 案例分析与预估

理性情绪治疗模式指出，服务对象的认知、情绪和行为的反应受到其信念系统的影响。如果服务对象用一些非理性的信念看待引发事件，这种非理性信念就会使服务对象情绪和行为上出现困扰。所谓非理性信念是指那些把特定场景中的经验绝对、普遍、抽象化之后与实际情况不符的想法和观点。案主目前最紧迫的问题是孙子上学困难，7 岁了不能开口说话，有可能上不了小学。同时，在日常生活中对特殊儿童教育缺乏相应知识经验，孩子犯了错也会打孩子（案主自己也觉得心疼），导致案主认为是自己的错，是自己照顾不好孩子，产生很多负面想法，对案主的生活以及个人情绪造成严重的影响。社工在此理论的指导下，为案主提供情绪疏导等服务，让案主树立理性认知。

4. 服务计划

为了更好地为案主提供其需要的服务，社工将本次个案跟进计划安排如下：

第一，了解案主基本信息与家庭关系及其社会支持体系；确认案主的需求。

社工入户与案主沟通，收集其基本信息及其家庭成员之间的关系等，通过支持性的工作技巧，让案主感到被接纳、被尊重、被理解，逐渐地与案主建立良好的服务关系，并了解其需求。

第二，针对案主的情绪问题进行跟进，疏导案主的负面情绪。

社工通过自我披露，引导案主树立积极心态；并协助案主看到自己的付出、优点，给予其支持和肯定，提高案主的自我认同感，从而缓解负面情绪。

第三，针对案主孙子以后教育的问题，提供建议并协助咨询，同时遵从案主自决权。

社工在网上查找资料，或者问村委会的人，先协助案主找到特殊教育学校，然后再到学校当面说明案主孙子的情况，最后，尊重案主的决定。

第四，孙子照顾相关方式建议和沟通。

向专业人士询问关于孩子的教育问题等；让案主知道对此类特殊孩子正确的教育方法，促进隔代亲子关系良性发展。

从以上四个方面实施服务，从而达到建立稳定的专业服务关系、给予案主心理支持，并引导案主建立理性的自我认知的服务目的。

5. 服务实施过程

接案。本个案是B村社工通过前期提供系列性的活动，与案主建立了信任关系，在社工走访的时候，带着怀疑和试探的语气与其沟通孙子的情况，然后案主才进行了坦诚的披露，最终形成了个案服务后续。

资料收集并确定需求，制订服务计划以及与案主形成共同的服务目标。通过入户的方式，对案主的个人以及家庭成员的信息进行收集。社工也多次上门，向案主核实其需求。社工与案主讨论出了个案服务目标以及服务计划。随后，案主到社工室签订知情同意书，社工向其强调个案服务过程中的工作原则等，促进个案服务顺利进行。

服务基本过程。一是与案主建立专业关系，社工为案主进行资源链接。前期，通过几次面谈，社工已经和案主建立了较为稳定的关系，案主孙子今年7岁，马上要到上小学的年纪，因为孩子患有自闭症，案主对其上学和未来成长有着极大的担忧，但又不知道具体怎么办才好。同时，社工也了解到了案主的迫切需求是孙子上学问题。社工为其提出是否可以尝试到特殊学校接受教育，案主不知道居住地是否有特殊教育学校，同时也不知道自己的孩子能不能进去读书，以及需要付出什么代价。社工帮助案主咨询特教学校，通过拨打 114 询问特教学校的电话以及信息，再将消息传达给案主，让她与家人商量，再作后一步的打算。

二是在案主教育孩子的方式上进行正确引导，并对案主的非理性情绪进行疏导。案主与孙子相处的时间最长，对其喜好等特别了解；但由于案主也从未教育过类似的孩子，在平时与孙子的沟通上存在一定的问题，当孩子做错事的时候，就会打他。在与案主聊天的时候，发现案主会自责，认为是自己没有把孩子带好，就会归咎于自身。社工对案主进行心理疏导；并肯定案主平时的付出，列举小朋友的优点，拉近隔代关系。

三是陪伴案主及其家人到特教学校去咨询小朋友上学事宜，遵守案主自决的原则。由于特教学校离 B 村比较远，本次去特教学校是由案主的儿子儿媳开车，带社工、案主及其孙子去咨询，由于疫情期间，到达特教学校的时候，几个人并没有进入学校里面。老师在门卫室接待了案主及其家人，案主向老师咨询了特教学校的费用以及入学条件。特教老师说，只要户口是本区这边的就可以到这儿来上学，不用交学杂费，只需要交保险费用；目前学校比较破旧，是不能提供住宿的，需要家人在附近租房子；要先去医院检查身体，再拿着检查结果去办理残疾证，然后到这边来报名就可以了；由于前期报名人数比较多，需要等待。社工在此过程中，主要是及时跟进，提供必要信息，了解案主的动态和选择。

四是跟进案主及其家人对孩子上学问题的决定，以及孩子残疾证的办理情况。在一段时间后，社工上门了解案主及家人对孩子上学问题的决定，案主反馈，在此期间，他们自己也去了两次特教学校进行咨询，目前最困难的就是需要自己租房子，开支比较大，对于他们这样的家庭承受不了。再加上，他们是比较晚去咨询的，前面已经排了很多人了，可能到 9 月份也轮不到案主。所以，他们暂时打算把孩子送到幼儿园读书，然后等特教学校的通知下来，就会送小朋友去特教学校读书。前期，社工以电话访问的形式，与案主沟通残疾证办理的相关事宜。此次，案主也提到残疾证办理下来了，他们也跑了几次，去医院检查身体，等着拿结果，然后到政府去拿表格等。

五是带领案主回顾此次个案，提升案主自信心，缓解其照顾孙子的压力和消极情绪。2020 年 7 月 8 日，社工上门，发现案主在与社工提及孙子上学的问题时，不像之前那样过度忧虑，案主及其家人对于孙子上学的去向有了明确的决定。当社工给案主提及这是最后一次服务的时候，案主对社工也表示再三的感谢——社工对于他们家孩子上学的事情费心了，并且还经常上门陪伴。社工也指出，有现在的改变，主要是由于案主的自身能力，肯定案主的付出等，本个案成功结案。

6. 总结评估

从 2020 年 4 月 13 日至 7 月 8 日，在此期间，社工累计跟进 5 次，通过面谈以及电话访问的形式与案主及其家人沟通，个案服务获得以下成效：

案主的精神情感正向变化日益明显，在与其交谈的过程中，案主说话的语气比较轻快，不像之前那样唉声叹气；情绪也比较稳定，脸上的笑容也越来越多。针对孙子上学问题有了清晰的规划：经过他们商议，决定暂时将其安顿在幼儿园，当特教学校的老师打电话给他们时，就会把孩子送到特教学校去读书，让小朋友接受更好的教育。

在社工介入的过程中，有时会邀请案主及其家人一起讨论，儿子儿媳也了解案主的不易，如今，当他们有空休假的时候会回来看望案主，并帮其做一些农活等。或者在放长假的时候，夫妻二人会把孩子接到他们的公租房去玩，家庭成员懂得了共同承担抚养孩子的责任。夫妻二人为了给孩子创造一个美好、温馨的生活学习环境，他们工作比之前更加努力，有了共同的奋斗目标，在孩子上学的这件事情上达成了共识。

7. 专业反思

案主自决权的遵从：社工在尊重案主的价值和尊严以及确信其具有改变的能力的前提下，提供给案主认识自身潜能的机会。本次服务中关于孩子的教育问题就是让案主自己决定。也许案主的决定对于旁观者来说不一定是最优的，但案主在社工提供足够多的信息下，结合自己的内心作出的决定往往是最合适她的，本次服务主要强调案主的自决权。

社工角色：在本次个案服务过程中，社工主要扮演支持者的角色——当社工看到案主面对困境时，通过为其创造条件，让其更好地解决问题，从而实现助人自助；资源链接者的角色——社工通过拨打 114，找到特殊教育学校的位置，约好面谈时间，让案主及家人面对面地与学校老师沟通。

资源开拓：案主的某些实际的问题，社工可能无法为其解决，如案主最大的心病——孙子的教育，社工无法提供直接的帮助，但是可以通过资源开拓和转介，帮助其一起了解信息，为案主提供更多解决问题的可能，让案主有选择。从而消除无计可施、不知道怎么办的情况下带来的系列性不良情绪。

二、社区为老服务技巧实操体验（根据具体培训安排开展实操体验）

【任务导入】

张大爷住在J社区，与老伴儿同居于一间两居室，房子不大，但是很温暖。房间散发出一种异味，也许是腐坏的垃圾，也许是积攒的白酒瓶子，也许是堆积的药。由于老伴常年卧病在床，日常生活只能由张大爷料理。张大爷说好在自己身体现在还壮实，但是过几年就不知道了。张大爷岁数大了，日常生活就靠那点退休金，如今老伴儿重病，张大爷心理压力很大，经常喝酒，并且有轻生的念头。

【任务分析】

一、分析

1. 问题。分析老人所面临的危机，除了让社区比较担心的轻生的可能性，还有上文提到的酗酒和经济困难。老人的经济困难已经持续了很长一段时间，但是突然间好朋友离世，觉得天昏地暗，所以开始酗酒（一天至少半斤白酒，不分早晚）、产生轻生的念头。

2. 需求。老人存在经济支持和心理支持服务需求。考虑到老人是空巢家庭，没有子女（儿子在一次夜班中由于意外而去世）照顾，老人孤苦无依，老伴重病在身，社工认为对老人的情况，社区应该承担起责任，并寻求以前的老同事、老朋友和邻里在经济上、日常生活上以及精神上的支持。

二、介入和计划

1. 介入：制定目标，选择为了达到目标而采取的行动。

表 3.2 目标和策略

目 标	策 略
调整心态，杜绝轻生念头	与老人交谈，回顾生命史，再现生命意义
戒酒	转移老人的注意力，帮助老人把关注点放在其他方面
丰富老人生活	与同事、邻里、亲朋配合，与社区合作
寻求社会支持	与社区合作，寻找爱心人士与机构

2. 计划：围绕目标，运用专业的理念、方法和技巧，挖掘和运用服务对象的内在动机、潜能，与服务对象共同寻找资源、解决问题。

三、评估和结案

1. 评估：根据服务计划中制订的过程评估和成效评估计划开展评估，采取多种方式收集和分析与服务相关的资料，包括客观资料、主观感受与评价等。

2. 结案：根据服务效果和具体情况确定能否结案；巩固老年人及所处环境已有的改变；增强老年人独立解决问题的能力和信心；避免或妥善处理服务对象因结案产生的负面情绪；结案后提供跟进服务。

四、主要训练目标

1. 熟悉老年社会工作的六个实务通用过程。

2. 能熟练运用每个阶段的方法和技巧开展服务。

【任务实施】

一、操作流程图

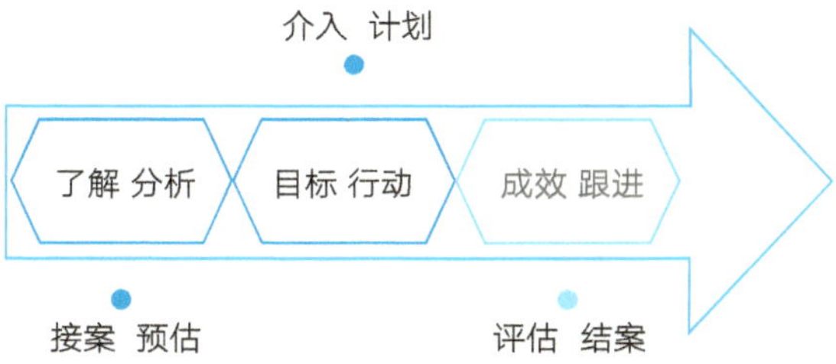

图 3.2 社区为老服务流程操作图

二、操作注意事项

1. 注意六个实务通用过程的衔接。

2. 注意和服务对象建立关系的阶段不能操之过急。

3. 注意熟悉和掌握每个阶段的方法的区别。

【任务工单】

表3.3 社区为老服务实操任务工单

<table>
<tr><td>任务名称</td><td>社区为老服务实操</td><td>学时</td><td></td><td>培训对象</td><td></td></tr>
<tr><td>学生姓名</td><td></td><td>联系电话</td><td></td><td>任务成绩</td><td></td></tr>
<tr><td>任务设备</td><td></td><td>操作时间</td><td></td><td>操作地点</td><td></td></tr>
<tr><td>任务目的</td><td colspan="5">1. 掌握社区为老服务的技巧
2. 能够把握每个阶段的方法和技巧
3. 能够在接案阶段和案主建立关系
4. 能够结合问题和需求，围绕目标制订合理的服务计划
5. 能够学会进行服务效果的评估</td></tr>
<tr><td rowspan="4">任务实施</td><td>准备</td><td colspan="4">1.
2.
3.</td></tr>
<tr><td>实施流程</td><td colspan="4">1.
2.
3.
4.
5.
6.
7.</td></tr>
<tr><td>实施总结</td><td colspan="4">1.
2.</td></tr>
<tr><td>实施评价</td><td colspan="4"></td></tr>
<tr><td>教师评价</td><td colspan="5"></td></tr>
</table>

【思考实践】

1. 案主何奶奶生活在中小城市，在老家排行老四，是家里最小的，有三个哥哥，小时候三个哥哥一起照顾她，所以不用担心很多事情。结婚前，她依赖自己的哥哥，结婚后，逐渐依赖自己的丈夫。案主今年65岁，有三个女儿，一个儿子（最小的孩子）。老伴于2009年10月因急性脑出血突然离世，案主现在的危机是由丧偶事件引发的。案主身体整体比较健康，但是由于丧偶后经常哭泣，视力老花严重。丧偶后变得自卑、多疑，与子女之间的交流更少了，显得孤独，有得抑郁症的趋向，社会交往比较少，案主几乎一辈子都在家里，闲暇的时候喜欢和邻居聊天，但比较排斥陌生人，怕自己社会经验少，上当受骗。由于案主封建思想严重，重男轻女，她准备把财产的绝大部分给自己的小儿子，分配给三个女儿的财产则很少，案主担心会因为财产分配不均造成家庭矛盾，这是困扰案主的重要问题。根据该案例背景，请你制定服务目标和服务计划。

2. 请问如何评估社区为老服务效果？

任务三　机构养老服务中的社会工作实务技巧

【知识详解】

一、机构养老服务典型案例和专业经验

项目名称：快乐运动·健康相随

1. 小组基本情况

小组名称："快乐运动·健康相随"老人康乐小组。

小组性质：康娱性。

小组节次：5 节。

服务对象：敬老院特困老人。

参与人数：9 人。

问题界定：敬老院入住特困老人 21 人，均为男性，其中 71.42% 的老人患有心血管疾病，随着年龄增长，老人身体各方面发生衰退。老人沿用以前的农村生活方式，生活十分单一，较为枯燥，大多老人都以散步、看电视的方式度过每天，有些老人甚至整天不出门，娱乐方式单一。无事可做、无事能做的情况给老人造成心理上的无能感，加之受新冠肺炎疫情影响，长期封闭式管理也导致老人情绪压抑。

2. 分析与需求评估

活动理论认为，活动是人改造客观世界和人类社会的一种有效方式，有助于人和人之间的交流和沟通，也可以使人的认识更上一个台阶，可以让人在参与活动的同时，感觉到身心舒畅，进而更好地生活。通过参加活动，人们还可以结交一些好朋友，通过彼此之间的磨合，最终获得彼此的认可、赞许与欣赏。因此，通过搭建小组平台，引导老人运动，增强身体健康，愉悦身心。

身体需求：老人面对自身身体机能的衰退，有进行身体锻炼的意愿，但缺少适

合的锻炼方式和坚持锻炼的动力。

文化娱乐需求：大部分老人兴趣爱好广泛，但敬老院内无相关硬件设施、工作人员专业知识缺乏等情况致使老人需求无法满足，社工以小组活动为媒介，丰富老人日常生活。

心理支持需求：老人家庭支持薄弱，社会支持也相对缺乏，通过学习健康保健操，增加老人互动合作，疏导老人负面情绪，提升老人团体凝聚力。

3. 服务计划

学会一套保健操，掌握锻炼身体的方法，延缓老人身体机能退化，提高老人健康水平。

增强老人健康生活的意识，帮助老人养成积极锻炼的好习惯。

提供平台，促进老人互动参与，增进关系，丰富业余生活。

4. 介入策略

从老人日常实际需求和身体情况出发，社工挑选了适合老人学习并能够长期完成的保健操，将保健操分为不同节次学习，每次活动教授 5 个动作，分 4 次完成，并反复练习，绘制动作要领讲解图纸，降低老人学习难度和记忆难度。

在每节活动中设计互动环节，运用小组动力，增强组员之间的交流与支持。

设计复习考勤打卡表，通过打卡强化学习内容，引导老人每天自主练习，形成健康生活习惯，进而丰富老人日常生活。

培养小组的领导者，分派给小组领导者一些任务，如联系通知组员活动时间、组织每天复习保健操、收集并表达组员的意见，为小组后期持续性培养组织力量。

5. 实施过程

小组初期：

开展“初识保健操”活动，时长 60 分钟。以制定小组契约、普及保健操知识、选取小组长为主要内容。

虽然组员之间相互认识，但因为第一次接触此类小组活动，显得有些紧张和拘束，此时，社工充当引导者的角色，通过破冰游戏“同心圆”，促进组员之间相互信任，使组员融入和适应小组，建立了较好的小组氛围。为让小组具有组织性和规范性，社工引导组员制定小组规则，与老人达成共同期望，鼓励所有组员表达自己的意见。经大家的一致表决，将小组规则确定为：“第一，我们是一个集体，要团结友爱，互帮互助；第二，积极学习，按时参加活动，有事请假。”社工向组员普及保健操知识，介绍坚持锻炼带来的好处和改变，个别组员十分想要学习保健操，但是担心自己学不会，其他组员会及时给予鼓励和支持，场面比较温馨热闹。社工结合前期评估了解和本节活动中组员表现，通过投票的方式选取小组长，澄清小组长存在的目的和小组长的职责，引导组员之间相互团结友爱，进一步增进组员之间关系，避免老人之间产生误会和矛盾。

小组中期：

主要以学习保健操前中后段内容和互动分享为主，每节时长 60 分钟。暖场游戏“拍手传球”“养生知识知多少”不仅使得活动更有趣味性，也进一步促进了组员互动支持，增强了组员归属感。在回顾上节所学保健操内容时，组员们从依赖图纸到后来能够熟记动作，经过每天一起复习保健操内容，组员之间关系更加紧密，已经建立了正式的互动关系，社工角色转变为协调者、支持者。在这期间，工作人员积极参与，社工与工作人员也建立了良好的关系，工作人员成为小组活动中得力的协助人员。

小组后期：

开展“温故知新”活动，时长 90 分钟。老人在后期小组活动中已经完全适应小组中的环境，组员已经非常明确小组活动目标，并融入小组过程中，组员之间建立了深厚感情，相互支持、沟通并对小组有较高的认同感，小组已呈现出自主、自助的效果。

整体复习时，社工根据组员意愿让他们依次上前进行带领复习，巩固保健操内容，使组员在展示学习成果的同时增强了自信心。社工运用直接技巧引导组员回顾小组内容，反思在小组中的收获和成长，小组长刘爷爷表示自己收获很多，很感谢所有人对他的支持和包容。组员牟爷爷说：“以前整天不知道干什么，现在每天和大家一起做做操，聊聊天，锻炼身体，日子过得很开心。”社工也结合自己、组员在小组中的表现，将内心感受分享给组员。最后，社工为组员分发小礼品，在掌声中结束小组。

从中社工观察到，每位组员都较为开心，对未来充满信心。

6. 总结评估

评估方法：

跟踪访问组员参与意见和感受；观察和分析法；从组员出席率、参与投入和学习效果方面进行评估。

评估结果：

过程评估。

小组前期，社工在工作人员的协助下走访了潜在小组成员，了解其基本情况，向其介绍小组并邀请参与小组活动，对小组成员作进一步筛选，评估身体、疾病等情况是否能够参与小组，确定小组成员。

在建立小组契约时，因老人文化水平较低，不太明白社工表述的意思，社工反复多次向老人解答疑惑，直到老人完全明白小组契约存在的必要性。挑选出老人小组长，旨在为小组的继续进行培养组织力量，让小组长每天召集有意愿的组员和其他老人参与保健操锻炼，增强老人健康生活意识，使老人养成积极锻炼的好习惯。

在“同心圆”的游戏中，组员参与得十分投入和开心，老人刘某告诉社工，虽然大家都在同一屋檐下生活了这么久，但是从来不知道别人喜欢什么，大家也没有这样认真介绍自己的机会。这为接下来的小组开展奠定了良好的基础。

根据小组签到表来看，组员整体出席率高达97.67%，组员参与度较高，态度积极。小组中后期时，组员基本上有了定期锻炼的意识与方式。社工逐渐地从小组中抽离出来，由组织者、鼓励者转变为协调者、支持者、引导者。在抽离过程中，组员最初十分不习惯，“哎呀，你不来，我们都不会搞这些东西，还是要你来才得行！”慢慢地，组员对小组满意度增加，能够自主处理小组内部问题，小组长角色突出，组员相互合作和支持。

结果评估。

社工通过跟踪访问了解到，组员对小组活动的内容设计、活动时间安排等方面都十分满意。

通过考勤打卡表、敬老院工作人员反馈、老人访问了解到，组员第一次复习时，因为多数组员记忆力较差，忘记动作要领，但通过大家不断回忆、反复交流回忆起八九成动作，随着每天坚持锻炼，组员能够独立完成保健操内容。

小组长刘爷爷说：“自己从来没有想过有一天会担任领导人，一开始还担心自己做不好，其他老人不听招呼，社工妹儿就想办法，通过考勤、激励等方式调动大家的积极性，自愿原则也避免了他们出现被强迫心理。我也觉得自己的记忆力有所提高，每天坚持锻炼还是很有好处的。”组员徐爷爷和杨爷爷告诉社工自己每天都跟着刘爷爷锻炼，感觉自己越来越精神，肩不酸腰也不疼了。

组员们坚持每天早上8点钟集合做保健操，一开始需要小组长刘爷爷挨个通知，随着次数越来越多，组员逐渐养成了每天锻炼的习惯，8点钟会准时到达集合地点。小组增加了老人之间的交流沟通，加深了彼此之间的关系，同时也锻炼了老人记忆力以及四肢反应的敏捷度，带动了老人参与活动的积极性，丰富了老人日常生活。

老人参与康乐小组后，彼此关系越来越亲密，缓解和宣泄了老人的负面情绪。此外，敬老院工作人员每天也主动参与保健操锻炼，促进了工作人员与老人之间的互动以及加深了彼此关系。

整体来看，小组取得较为理想的成效，小组目标达到。

7. 专业反思

本次小组，社工前期走访老人、积极与工作人员沟通，根据敬老院老人的身体情况和实际需求，选择了适合老人长期坚持的保健操，考虑到老人年纪越来越大，敬老院内无设备播放视频，社工绘制动作要领讲解图纸，极大程度地降低了老人学习难度和记忆难度。通过康乐小组活动的开展，满足了老人的实际需求，增强了老人健康生活的意识，使老人养成积极锻炼的好习惯，同时也扩大了老人社交面、增强了老人的归属感和认同感、增强了其自身自信、稳定了其心理状态。

小组过程中，社工关注小组中的每位组员，重视每位组员的表现和情况，引导组员表达自己的感受，并及时重述组员讲话。社工教授动作时动作姿势慢，声音洪亮，语速缓慢，认真观察并及时纠正出错组员，确保每位组员都熟知动作要领。

老人身体机能退化、记忆力衰退等问题是不可避免的，退化的表现也是多样的，想要达到强身健体、缓解身体疼痛的效果并非一个康乐小组能完成。一节小组活动甚至一个小组活动的时间有限，涉及的内容有限，在引导老人形成坚持锻炼的意识后，后期可针对不同老人的身体情况，开展针对性内容，如“常见老年疾病预防”“感官刺激训练——DIY 手工、色彩”等。一个小组针对一个内容有助于提高成效，并使服务对象真正受益。

小组也有一些不足的地方，社工的专业性还不够突出特别，在相关理论、技巧的运用以及活动评估方面还做得不够好，小组应该设计前后测问卷，以更加精准地了解老人的变化和小组目标达成情况。

二、机构养老服务技巧实操体验（安排实地考察和实操体验）

【任务导入】

案主何大妈老年时三代同堂，家庭富裕，生活美满，但是何大妈 65 岁时突然丧偶，于是产生了种种不适症状与危机，亟须社会工作者的介入，帮助何大妈重新树立对生活的信心与向往。

【任务分析】

一、分析

1. 案主主要面临的问题：（1）心理状况：一直以来，大妈都不是乐观开朗健谈的性格，她比较内向，想问题比较消极，丧偶后变得自卑、多疑，与子女之间的交流更少了，大妈显得孤独，有得抑郁症的趋向。

（2）社会交往状况：社会交往比较少，大妈几乎一辈子都在家里，闲暇的时候喜欢和邻居聊天，但比较排斥陌生人，怕自己社会经验少，上当受骗。

2. 服务目标：解决大妈所面临的情感危机与信心危机，接受丧偶事实，并且能够建立起信心，恢复其正常生活；帮助案主增强自我认识、自我促进、自我实现，接纳自己也接纳别人，与家人和朋友有良好和深入的人际关系，乐观的生活态度，达到现实的自己和理想的自己协调一致。

二、介入和计划

1. 与大妈进行沟通和交流，了解大妈眼睛的真实情况，社会工作者充当的是教育者的角色，向大妈宣传相关的眼部护理健康知识。通过和案主分享她的一些故事，工作者和案主建立了良好的信任关系。

2. 处理案主的情感危机。

3. 寻找资源，处理案主的信任危机。

三、评估和结案

1. 在整个辅导过程中，社会工作者运用危机介入模式的工作方法及时介入案主所面临的危机，避免了案主陷入更深的困境，案主的生活状态已经改善，能做原来所承担的家务，情绪相当稳定，生活上乐观积极起来，能够与自己的子女有效沟通，恢复了信任与理解，对人生有了规划和目标。

2. 通过使用危机介入模式对老年人丧偶事件进行危机干预能够有效帮助案主解决问题，能在短期内有效及时地调适丧偶老年人的心理失衡和情绪困扰，避免人们在非理性状态下出现的各种错误认知和偏差行为，同时整合案主自身和外部资源，在帮助案主建立外部社会支持网络的同时，让案主提升自我解决问题的能力。通过实际案例的分析，可以得出结论：危机介入模式在老年人丧偶事件中发挥着不可替代的作用。

四、主要训练目标

1. 熟悉老年社会工作实务中的案例分析步骤。
2. 能熟练根据案例背景制定服务目标和服务计划。

【任务实施】

一、操作流程图

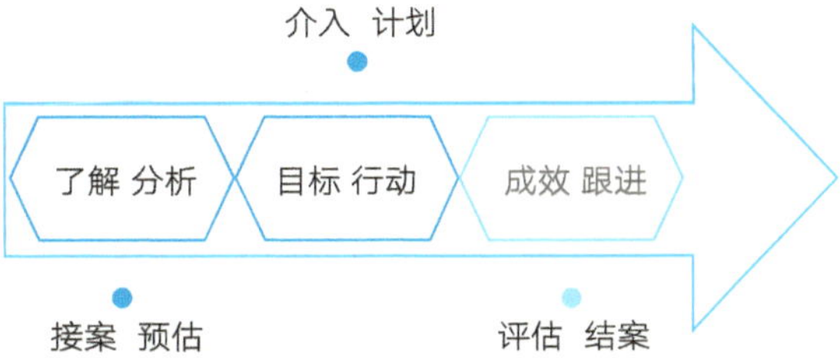

图 3.3 机构养老服务操作流程图

二、操作注意事项

1. 注意六个实务通用过程的衔接。
2. 注意和服务对象建立关系的阶段不能操之过急。
3. 注意熟悉和掌握每个阶段的方法的区别。

【任务工单】

表 3.4　机构养老服务技巧实操任务工单

<table>
<tr><td>任务名称</td><td>机构养老服务技巧实操</td><td>学时</td><td></td><td>培训对象</td><td></td></tr>
<tr><td>学生姓名</td><td></td><td>联系电话</td><td></td><td>任务成绩</td><td></td></tr>
<tr><td>任务设备</td><td></td><td>操作时间</td><td></td><td>操作地点</td><td></td></tr>
<tr><td>任务目的</td><td colspan="5">1. 掌握机构养老服务中的典型案例
2. 学会分析机构养老服务案例
3. 熟悉机构养老服务流程、技巧和方法
4. 掌握机构养老服务效果评估的流程和方法</td></tr>
<tr><td rowspan="4">任务实施</td><td>准备</td><td colspan="4">1.
2.
3.</td></tr>
<tr><td>实施流程</td><td colspan="4">1.
2.
3.
4.
5.
6.
7..</td></tr>
<tr><td>实施总结</td><td colspan="4">1.
2.</td></tr>
<tr><td>实施评价</td><td colspan="4"></td></tr>
<tr><td>教师评价</td><td colspan="5"></td></tr>
</table>

【思考实践】

1. 一家老年福利院新入住了一位75岁的王大爷，他自入院以后每天只是独自静坐，不思饮食。院方为了王大爷的健康，想尽了一切办法为他做出各种各样的美食，甚至很多服务人员也从家里带来许多小吃，想诱发王大爷吃饭的欲望。但一切的努力都付诸东流，眼看着王大爷迅速消瘦，身体状况一天比一天差，院方请来了王大爷的儿子进行说服。王大爷的儿子在听完院方的说明后情绪非常激动，在训斥了老人后竟然强行给王大爷喂饭，被院方阻止。万般无奈之下，院方请求社会工作者给予帮助。如果你是该机构的社工，会如何应对？

2. 养老机构为什么需要专业社工服务？

参考文献

[1] 李国珍 . 老年社会工作 [M]. 武汉：华中科技大学出版社，2022.2.

[2] 仝利民 . 老年社会工作 [M]. 上海：华东理工大学出版社，2006.5.

[3] 唐东霞 . 老年活动策划与组织 [M]. 南京：南京大学出版社，2019.1.

[4] 高云鹏，胡军生，肖健编 . 老年心理学 [M]. 北京：北京大学出版社，2013.8.

[5] 全国社会工作者职业水平考试教材编委会 . 社会工作法规与政策 [M]. 北京：中国社会出版社，2022.3.

[6] 凤磊，王英编著 . 养老机构行政管理实用手册 [M]. 上海：上海科技教育出版社，2019.8.